내가 살아야 하는 '진짜' 이유:
희망과 회복의 이야기

By Christopher HK Lee and Minah Son

**내가 살아야 하는 '진짜' 이유:
희망과 회복의 이야기**

초판 1쇄 인쇄 2025년 9월 5일
초판 1쇄 발행 2025년 9월 12일
지은이 저자

펴낸이 김양수
편집디자인 안은숙
교정교열 연유나

펴낸곳 도서출판 맑은샘
출판등록 제2012-000035
주소 경기도 고양시 일산서구 중앙로 1456 서현프라자 604호
전화 031) 906-5006
팩스 031) 906-5079
홈페이지 www.booksam.kr
블로그 http://blog.naver.com/okbook1234
페이스북 facebook.com/booksam
이메일 okbook1234@naver.com

ISBN 979-11-5778-714-2 (03330)

* 이 책은 저작권법에 의해 보호를 받는 저작물이므로 무단전재와 무단복제를 금지하며, 이 책 내용의 전부 또는 일부를 이용하려면 반드시 저작권자와 도서출판 맑은샘의 서면동의를 받아야 합니다.
* 책값은 뒤표지에 있습니다.
* 파손된 책은 구입처에서 교환해 드립니다.
* 이 도서의 판매 수익금 일부를 한국심장재단에 기부합니다.

맑은샘, 휴앤스토리 브랜드와 함께하는 출판사입니다.

"인생의 목적은 그저 살아가는 것,
경험을 최대한 맛보는 것,
더 새롭고 풍요로운 경험을 열정적으로,
그리고 두려움 없이 향해 나아가는 것이다."

— 엘리노어 루즈벨트

| 목 차 |

서문 _ 006

헌사 _ 007

프롤로그 : 벼랑 끝에 몰린 한국 청년들 _ 010

제1장 : 경쟁의 무게 아래에서 _ 019

제2장 : 저출산 시대와 흔들리는 미래 _ 029

제3장 : 한국 청소년 자살의 민낯 _ 056

제4장 : "잊혀진 세대" _ 086

제5장 : 사회와 공동체의 역할 _ 106

제6장 : 불확실한 세상에 던지는 희망의 목소리 _ 123

제7장 : 우리가 살아야 하는 이유 _ 141

체크리스트 : 살아야 하는 이유 찾기 _ 156

에필로그 : 크리스토퍼 HK 리 _ 162

　　　　　　손민아 _ 168

| 서문 |

이 책은 재미 2세 영화감독 크리스토퍼 HK 리와 뉴욕 맨해튼에서 영화학을 전공 중인 한국인 유학생 손민아가 함께 집필한 결과물입니다. 두 저자는 각자의 경험과 통찰을 바탕으로, 정체성·문화·자아 성장이라는 보편적이면서도 개인적인 주제를 섬세하게 탐색합니다. 현실과 허구의 경계를 넘나들며, 지금의 한국 사회가 어떻게 형성되고 있는지, 그리고 청년 세대와 고령 인구가 함께 마주한 시대적 과제가 무엇인지 함께 짚어봅니다.

각 장은 영화 대본 형식으로 구성되어 있으며, 허구의 인물들이 살아 있는 대사를 통해 독자와 진정성 있는 감정적 교감을 이룹니다. 인물들의 말 한마디한마디 저자들의 통찰이 녹아 있고, 이 내러티브는 대화의 흐름 속에서 자연스럽게 정보를 전달하며 이야기를 더욱 밀도 있게 만들어줍니다.

크리스토퍼 감독과 손민아 작가가 전하는 이 여정에 함께해 보세요. 세대와 문화, 시대를 가로지르며 삶의 의미와 방향을 찾아가는 이야기가, 여러분에게도 따뜻한 위로와 새로운 영감을 전해주기를 바랍니다.

각 장이 끝날 때마다 잠시 멈춰 자신을 돌아보는 시간을 가져보세요.
QR 코드를 스캔하면 여러분의 생각과 느낀 점을 다른 독자들과 나눌 수 있습니다. 당신의 목소리는 소중합니다. 당신의 이야기는 누군가에게 깊은 울림과 용기가 될 수 있으니까요.

| 헌 사 |

대한민국의 전통은 아이가 첫 말을 하기 훨씬 전부터 아이의 앞날을 좌우합니다. 예로부터 우리 조부모님들은 아기가 태어나기도 전에 손자를 고대하며, 새벽마다 교회나 절에서 간절히 기도하곤 했습니다. 세상에 태어날 아이를 향한 희망은 그렇게 오랜 시간 축적되어 왔습니다.

그리고 아기가 태어나면 그 인생의 첫 번째 여정은 '돌잡이'라는 상직적인 의식으로 시작됩니다. 아직 자신의 이름조차 말하지 못하는 아이 앞에 놓인 청진기, 판사봉, 돈, 책 등의 물건들은 각기 다른 미래를 의미합니다. 요즘에는 마우스, 마이크, 카메라 등 현대적 물건도 추가되어 변화하는 시대와 가능성을 반영합니다.

이 돌잡이 상차림은 시대의 가치관에 따라 바뀌어 왔습니다. 영아 사망률이 높았던 시절에는 쌀이나 실처럼 장수를 상징하는 물건이 중심에 놓였지만, 요즘은 영특함을 뜻하는 필기구나 청진기, 재산을 상징하는 돈과 쌀이 선호됩니다. 그 결과 이제는 장수를 상징하는 물건들은 자연스럽게 구석으로 밀려나거나 아예 제외되기도 합니다. 아이의 미래는 이렇게 아주 어린 시절부터 어른들이 생각하는 '성공'의 기준에 따라 방향이 정해집니다.

그리고 시간이 지나 아이가 말을 하기 시작하면 어른들은 질문합니다.
"너는 커서 뭐가 되고 싶니?"
희망을 담은 질문이지만 그 속엔 조용한 기대와 불안이 함께 섞여 있습니다. 아이의 대답 속에서 안도와 확신을 찾고 싶은 부모의 마음이죠.
하지만 돌잡이에서 청진기를 잡은 아이들은 모두 의사가 되었을까요?

모든 변호사가 정말로 의사봉을 잡았을까요?

세상의 모든 아기들이 청진기와 망치를 잡고, 이 세상에 오직 의사와 변호사만 존재했다면 모든 부모님들은 행복할까요?

한국에서 자란 많은 이들은 '기대'라는 이름의 정체성을 형성합니다. 그 직업이 지닌 무게조차 이해하지 못하는 어린 나이에 장래희망이 선택되고 결정된 길 위에서 무엇을 공부하고, 어떻게 살아야 하며, 어떤 목표를 향해 달려야 하는지 정해진 듯 따르게 됩니다.

하지만 그 목표를 향해 달려가다 보면 슬픔이 찾아오는 날도 있고, 버거운 하루도 있으며, 앞길이 뿌옇게 보이는 순간도 있을 것입니다. 어떤 페이지는 넘기기조차 힘들 정도로 무거울 수 있고, 어떤 계절은 당신의 강인함을 끝까지 시험할지도 모릅니다. 하지만 때때로 삶이 벅차게 느껴지더라도 이 이야기가 당신의 것임을 잊지 마세요. 이 이야기는 바로 여러분이 써 내려가는 이야기입니다.

『내가 살아야 하는 '진짜' 이유』는 아직 자기 정체성을 확립하기도 전에, 주어진 미래를 받아들여야만 했던 이들을 위한 책입니다. "너는 커서 뭐가 되고 싶니?"라는 질문을 받았지만, 정작 '존재할 기회'조차 허락받지 못했던 사람들. 정해진 길에 의문을 품고 조용히 반항하며 자신만의 길을 고민해 온 몽상가와 방랑자들. 의심과 씨름하면서도 최선을 다해 살아가는 이들. 성공이라는 기준을 좇다 길을 잃었거나, 여전히 어딘가에 소속되기를 바라는 당신을 위해 이 책을 씁니다.

이 책이 여러분에게 '행복한 삶'에 대해 생각할 수 있는, 작지만 따뜻한 희망이 되기를 바랍니다.

당신의 가치는 직함이나 업적, 타인의 인정과 기대로 정의되지 않습니다.

당신은 결코 비교의 대상이 아니며, 성적표 속 숫자 그 너머에 존재하는 하나뿐인 사람입니다.
당신의 꿈은 소중합니다.
당신의 기쁨은 소중합니다.
그리고 당신, 그 자체로 이미 충분히 소중한 존재입니다.

가장 어두운 순간에도 기쁨은 반드시 다시 찾아옵니다.
모든 시련은 결국 성장을 위한 발판이 되며, 당신의 선택은 분명 당신을 앞으로 이끌어줄 것입니다.
그리고 언젠가, 지금의 여정을 돌아보며 깨닫게 될 것입니다.
당신이 지나온 고비, 흘린 눈물, 멈추지 않고 내디뎠던 모든 발걸음이 모두 가치 있었음을.

이 책을 읽는 모든 분들이 언젠가는 자신만의 길을 따라 나아가기를 바랍니다. 자신의 이야기를 받아들이고, 있는 그대로의 자신으로 충분하다는 것을 의심 없이 받아들이기를 바랍니다.
무엇보다도, 지금 이대로의 당신이 충분하다는 것을 잊지 마세요.

미래는 아직 쓰이지 않았고, 그 펜은 당신의 손에 들려 있습니다.
이 책은 타인의 기대라는 무거운 짐을 지고 살아왔지만, 이제는 그 기대를 내려놓고자 하는 이들을 위해 쓰였습니다. 삶의 목적을 새롭게 정의하고, 다른 선택을 두려워하지 않으며, 자신만의 세계를 온전히, 거리낌 없이 그려 나가려는 용기 있는 영혼에게 바칩니다.

프롤로그:
벼랑 끝에 몰린 한국 청년들

내레이션 빠르게 변화하는 대한민국

오전 6시, 서울은 이미 살아 숨 쉬고 있습니다. 눈을 뜨자마자 분주하게 움직이는 도시는 각자의 목적지를 향해 걸음을 재촉하는 사람들로 가득합니다. 넥타이를 고쳐 매는 직장인, 무거운 책가방을 어깨에 멘 학생, 바쁜 골목을 누비는 배달 차량, 그리고 그 모든 움직임을 실어 나르는 버스와 지하철이 있습니다. 버스는 지친 승객들의 무게를 견디며 달리고, 지하철은 각 역에 도착할 때마다 사람들을 삼키고 뱉어내며 리듬에 맞춰 움직입니다. 이 혼잡한 도시는 이른 아침부터 긴장감과 초조함으로 가득합니다.

이것이 바로 한국의 '빨리빨리' 문화입니다. 단순한 습관이 아니라 하나의 생존 전략이었습니다. 전쟁의 잿더미 속에서 불과 몇십 년 만에 경제 강국으로 변모하게 만든 원동력이기도 합니다. 속도는 곧 경쟁력이었고, 효율성은 생존을 의미합니다. 더 빠르게, 더 효율적으로, 더 앞서나가야 한다는 사고방식은 산업을 혁신했고, 한국을 세계 무대에서 빛나게 만들었습니다. 한국은 이제 기술, 패션, K-pop 등 다양한 분야에서 선두주자로 자리잡고 있습니다. 모두가 부러워하는 국가, 화려한 성취의 나라입니다.

그러나 이 속도에 대한 집착이 만들어낸 어두운 현실도 분명히 존재합니다. 뒤처지면 도태된다는 불안, 끊임없이 무언가를 증명해야 한다는 압박. 특히 청년 세대에게 이 조급함은 더 무겁게 다가옵니다. 성공만이 유일한 선택지처럼 여겨지는 사회에서 하루하루를 살아갑니다. 불확실한 미래의 무게를 짊어진 채 오늘도 그들은 멈추지 않는 사회 안에서 쉼 없이 달리고 있습니다.

MINA는 열일곱 살, 고등학교 3학년이다. 오늘도 교실은 그녀 또래의 친구들로 가득 차 있다. 시험, 내신, 대학이라는 이름 아래 한 치의 틈도 없이 꽉 짜인 일정 속에 갇혀 있다. 교실 벽에 붙은 포스터들은 '성공'이라는 단어를 자극적으로 외치며 마치 미래를 약속하는 듯 보인다. 하지만 MINA에게 그것은 지금의 고통을 정당화하는 잔인한 알림에 불과하다.

책상 위에 펼쳐진 수학 교과서. 그녀는 고개를 숙이고 숫자와 기호에 집중해 보려 애쓰지만, 점점 흐려지는 글자들은 어느 순간 의미 없는 형태로 변해간다. 반복되는 공식이 아닌, 끝없는 의문만이 머릿속을 채운다.
'나는 왜 이걸 하고 있는 걸까?'
'정말 이 길이 맞는 건가?'

MINA의 하루는 철저히 반복된다. 어둠이 채 걷히기도 전 알람 소리에 눈을 뜨고, 무거운 몸을 일으켜 등교한다. 수업이 끝나면 곧장 학원으로 향한다. 수학, 과학, 영어, 피아노, 태권도, 미술까지… 하루 일정은 빈틈없이 빼곡하다. 집에 들어오는 시간은 보통 밤 10시 무렵. 그제야 늦은 저녁을 먹고 숙제에 매달린다. 피로가 온몸을 덮치고 눈꺼풀이 더 이상 떠지지 않을 즈음 겨우 잠에 들고, 다음 날 또다시 반복되는 하루를 맞이한다. 부모님의 기대는 그녀에게 항상 무겁다. 더 뛰어나야 하고, 또래보다 더 앞서야 하며, 결국엔 서울 안에 있는 명문대학교에 진학해야 한다는 부담이 그녀를 압박한다. 매일 주어지는 경쟁 속에서, MINA는 자신이 완벽에 얼마나 가까워졌는지를 재며 하루를 살아간다.

그러나 어느 순간부터, MINA는 더 이상 자신이 무엇을 향해 달려가는지 알 수 없게 되었다. 수학 문제, 부모님의 기대, 사회가 요구하는 성공의 무게가 그녀를 짓누르고, 그 압박은 점점 더 심해진다. 친구들은 모의고사를 준비하며 노트를 정리하지만, MINA는 그저 텅 빈 눈으로 교과서를 바라볼 뿐이다. 페이지 위의 글자들이 계속해서 왜곡되고 흐릿해지며, 피로와 좌절감은 의미를 삼켜버린다. 끊임없는 평가, 완벽을 향한 집착은 이제 그녀에게 너무 벅차다. 빼곡하게 적힌 공식들만 봐도 가슴이 조여온다.

학업 경쟁이 그녀 삶의 너무 큰 일부가 된 나머지 이전의 삶이 어땠는지조차 기억나지 않는다. 아무리 노력해도 나아지는 건 없다. 다가오는 KICE 모의고사. 그 이름만 들어도 가슴이 먹먹해진다. 단 한 번의 실수가 입시에 치명적일 수 있다는 공포가 그녀를 짓누른다. MINA는 지금, 거센 물살을 거슬러 올라가듯 하루하루를 버티고 있다. 어디로 가야 할지, 무엇을 위해 이 고통을 견디고 있는지도 모르겠다.

수업이 끝나고 종이 울리지만, MINA는 자리를 떠나지 않는다. 친구들은 서둘러 복습을 준비하지만, MINA는 여전히 그대로 굳어 있다. 깊은 생각에 잠긴 것도, 공부를 더 하려는 것도 아니다. 그저, 어디로도 나아갈 수 없다는 무력감 속에 멍하니 앉아 있을 뿐이다. 더 이상 탈출할 길도, 나아갈 방향도 보이지 않는다.

[INT. 교실 – 오후]

교실 안 책상들에는 책과 모의고사 문제지, 형광펜 등이 어지럽게 널려 있다. 누군가 흘린 지우개 가루들은 조용히 햇빛을 받으며 빛난다. 시계는 요란한 틱틱 소리를 내며 고요한 정적을 더 길게, 무겁게 늘인다. 창밖에서는 다른 반 아이들의 웃음소리가 희미하게 들려오지만, 이 교실만큼은 팽팽한 긴장감이 가라앉은 물처럼 감돈다. 그때 MINA의 가장 친한 친구인 JISOO가 다가온다. JISOO는 부드러운 미소를 지으며 MINA의 옆에 앉는다. 손에는 포스트잇으로 가득 찬 노트가 들려 있다.
JISOO는 창가 근처에서 시계를 흘끗 보고 다급하게 말한다.

JISOO

(밝은 표정이지만 다급한 톤)

"MINA야, 이제 진짜 가야 돼! 모의고사 시작 얼마 안 남았어. 하나라도 더 보고 가자."

MINA는 곧장 대답하지 않는다. 그녀의 눈은 책 속 숫자에 고정되어 있지만, 그 시선은 이미 멀리 떠나 있는 듯하다. 그녀의 손은 펜을 꽉 쥐고 있고, 입술은 미세하게 움직이며 수학 공식을 반복한다. 중얼거림은 들릴 듯 말 듯, 그리고 그 속엔 조용한 불안이, 좌절이, 절박함이 스며 있다.

MINA

(속삭이듯, 떨리는 목소리)

"이 실수, 몇 번이나 했는데… 그래도 또 틀리면 어떡하지? 한 문제만 더 틀려도 모든 게 끝날 수도 있는데…."

그녀의 목소리가 살짝 갈라진다. 그것은 마치 자신의 마음속 깊이 숨겨둔 갈등을 토해내는 고백과 같다. 교실 안엔 긴장감이 감돌고, 그녀의 무거운 말투는 그 정적 속에 오래 머문다. MINA는 자세를 고쳐 앉으며 어깨를 움츠린다. 이건 단순한 시험이 아니다. 그녀의 미래를 결정짓는 중대한 분기점이며, 모의고사는 더 이상 연습이 아니라 앞으로 마주할 혹독한 현실의 예고편이다. 성적표 한 장이 그녀의 인생에 길을 열어줄 수도, 그 길을 막아설 수도 있다. 피할 수 없는 경쟁과 벗어날 수 없는 기대가 다시 한번 그녀를 짓누른다.

그녀의 시선은 문 쪽 복도에 붙은 커다란 성적순위표로 향한다. 그 벽에는 상위 10명의 이름이 굵고 검은 글로 선명하게 인쇄되어 있었고, 그녀의 이름은 정확히 아홉 번째 줄에 자리하고 있다. 그 이름들은 마치 살아있는 눈처럼 그녀를 뚫어지게 응시하며, 끝없이 그녀를 평가하는 시선 같다.

MINA
(중얼거리며, 흔들리는 목소리)
"아… 한 칸만 떨어져도… 게시판에 그대로 드러나는 건데. 내 이름, 밑으로 내려가는 순간… 다들 알게 되겠지. 결국 떨어졌다고 수군댈 거야. 아니, 다 그렇게 생각할 거야. 겨우 한번 실수한 건데… 지금까지 준비한 입시 계획을 전부 다시 짜야 할지도 몰라."

그녀는 꿀꺽 침을 삼킨다. 순위표 앞을 지나가는 아이들의 눈빛, 들려오는 속삭임들, 그리고 그 어떤 말보다 더 날카로운 비교의 침묵. 그 모든 것이 그녀를 잠식한다.

누군가는 9등이라는 숫자를 부러워할지도 모른다. 아니, 윗줄의 8명 말고 나머지 전교생은 MINA를 애타게 부러워할 것이다. 하지만 MINA에게 그것은 끝을 의미한다. 더 위로 오르지 못하면 안 된다는 강박, 위에 있는 여덟 개의 이름이 자신 앞에 드리운 그림자처럼 느껴진다. 그리고 더 끔찍한 건, 모든 반 친구들이 그 9등 자리를 노리는 그림자처럼 느껴진다는 것이다. 마치 모두가 같은 자리를 노리고, 같은 꿈을 향해, 같은 벽에 부딪히며 서로를 밀어내고 있다는 느낌.

JISOO
(분위기를 풀어보려 애쓰며)

"야, 너무 걱정하지 마. 이건 그냥 모의고사잖아. 연습이야. 넌 늘 잘해 왔잖아. 순위표에 네 이름이 있다는 것, 상위 10등 안에 있다는 것만으로도 진짜 잘하고 있는 거야. 그거면 충분해."

(작게 웃으며)

"생각해 봐. 어차피 성적이란 것도 다 상대적인 거잖아?"

JISOO는 MINA에게 천천히 다가가 조심스럽게 그녀의 어깨에 손을 얹는다. 작지만 깊은 위로가 담겨 있다. 조용하지만 따뜻하다. MINA는 마침내 고개를 든다. 마치 깨질 듯한 유리잔을 건네듯, JISOO는 조심스럽게 말을 잇는다.

JISOO (계속)
(안심시키듯 미소 지으며)

"정말이야. 너 지금도 충분히 잘하고 있어. 그 순위표에 너무 휘둘리지 마. 여기까지 온 것만으로도 얼마나 대단한데. 결과가 어떻든, 넌 결국 해낼 거야. 물론 힘든 거 알아. 하지만 오늘 성적이 너의 전부를 말해 주는 건 아니야. 우리는 그저 최선을 다하면 돼."

JISOO는 얕은 한숨을 내뱉고 이내 싱긋 웃어 보인다. 그 미소에는 JISOO 자신의 지친 마음도 함께 묻어 나온다. MINA만 이런 감정을 느끼는 게 아니라는 걸, 이 교실 안 누구도 괜찮지 않다는 걸 그녀도 잘 알고 있다. 대한민국의 모든 학생들이 같은 무게 속에 놓여 있다. 등수, 기대, 꿈. 그 말들이 때로는 너무 무겁게 느껴진다. 내일을 꿈꾸는 일이 고된 노동처럼 느껴질 만큼, 이 사회는 빠르고 잔혹하다.

MINA는 불안한 숨을 내쉬며 마지막으로 노트를 바라본다. 빼곡히 적힌 공식들, 색색의 형광펜으로 표시된 부분, 포스트잇에 써놓은 다짐들. 두 사람은 잠시 말없이 그 조각들을 천천히 내려다본다. MINA의 한숨은 깊고 무겁지만, JISOO의 손길을 뿌리치지 않는다. 몇 시간 후면 고요한 시험장에 앉아 시간과 싸우고 있을 것이다. 시험지에 자신의 미래가 걸린 듯한 느낌은 여전히 벗어날 수 없겠지만… 지금 이 순간만큼은, 잠시 숨을 고른다.

[FADE OUT]

내레이션 질주의 대가

한국전쟁 이후 폐허 속에서 시작된 대한민국의 이야기는 눈부신 반전을 이뤄냈습니다. 가난과 고난으로 점철된 땅은 단 몇십 년 만에 세계가 주목하는 산업국가로 탈바꿈하였습니다. 고도성장, 기술 혁신, 세계 무대에서의 약진. 이 모든 성취는 분명 경이롭습니다. 그러나 이 눈부신 성장의 이면에는 조용히 짓눌린 수많은 희생이 존재합니다. 끝없는 경쟁과 끊임없는 자기 증명, '더 나아가야만 살아남는다'는 집단적 인식은 특히 젊은 세대에게 무거운 족쇄로 작용합니다. 오늘날의 청춘들은 학업에 거의 모든 시간을 바칩니다. 미래를 위해 현재를 포기하며, 단 한 번의 실패도 허용되지 않는 공포 속에서 살아갑니다. 성취는 삶의 목적이 되었고, 존재의 가치는 오직 결과로만 평가됩니다. 실패는 곧 낙오이며, 낙오는 곧 비참한 미래라는 등식이 사회를 지배하고 있습니다. 삶은 이제 행복을 위한 여정이 아닌 생존을 위한 투쟁이 되어버렸습니다.

그 결과, 사랑도 가정도 점점 뒤로 미뤄지기 시작합니다. 불안정한 경제와 불투명한 미래는 출산율의 급락으로 이어지고, 청년들은 결혼과 육아 같은 삶의 다음 장을 꿈꾸는 것조차 어렵습니다.

부모 세대는 자녀의 성공을 위해 모든 것을 바쳤습니다. 은퇴 이후의 삶마저 포기하고, 교육비에 전 재산을 쏟아부었습니다. 하지만 그 결과는 종종 가족의 해체이거나 빈곤이었습니다. 그리고 아이러니하게도, 그렇게 모든 것을 바친 그들을 기다리는 것은 자신들이 일군 시스템으로부터의 외면인 것이죠.

노년층은 고립 속에서 살아가고, 젊은 세대는 끊임없는 불안과 비교에 지쳐갑니다. 모두가 무언가를 위해 달려왔지만, 정작 '왜' 달려왔는지는 아무도 묻지 않았습니다. '왜' 달려야 했는지, '무엇을' 위해 이 모든 것을 감내해 왔는지. 이 질문은 이제 조용히, 그러나 뚜렷하게 떠오르고 있습니다.

이 모든 경쟁은 과연 무엇을 위한 것인가?

행복을 미루면서까지 달성해야 할 목표는 정말 존재하는가?

MINA에게, JISOO에게, 그리고 이 땅의 수많은 청춘들에게 이 질문은 지워지지 않은 채 마음 한켠에 남아 있습니다. 그리고 그들은 지금도 기다리고 있습니다.

다음 시험도, 다음 목표도 아닌… 살아야 할 이유를.

✨ **여러분의 이야기**

QR 코드를 스캔하시면 이 장을 읽고 떠오른 생각을 기록하고 다른 사람들의 이야기도 읽어보실 수 있습니다. 접속 후 'PROLOGUE / 프롤로그'라고 적혀 있는 영상을 눌러주세요.

1 단 한 번의 선택이나 순간이 내 인생 전체를 좌우할 것처럼 느껴본 적 있으신가요?

2 그런 압박감 속에서 어떻게 버텨내셨나요? 그리고 지금 젊은 시절의 자신에게 어떤 말을 해주고 싶으신가요?

3 성공해야 한다는 압박감이 너무 크게 느껴질 때, 그 순간들을 어떻게 이겨내시나요?

제1장 :
경쟁의 무게 아래에서

내레이션 대한민국의 교육 시스템은 전 세계적으로도 손꼽힐 만큼 높은 성취 기준과 강도 높은 경쟁 구조를 갖추고 있습니다. 어린 나이부터 시작되는 경쟁의 무대에서 학생들은 성적이라는 절대적인 잣대 아래 끊임없는 압박을 견뎌야 합니다. 성과 중심의 체계, 촘촘하게 짜인 일정, 부모의 기대는 학생들의 일상을 팽팽한 긴장 속으로 몰아넣습니다.

초등학교에서 고등학교에 이르기까지, 교육의 여정은 정교하게 설계되어 있습니다. 그 여정의 끝에는 단 한 번의 시험, '수능'이라 불리는 대학수학능력시험이 기다리고 있습니다. 이 시험은 단지 대학 입시를 넘어, 미래의 진로와 사회적 위치까지 좌우한다고 여겨집니다. 그래서 많은 이들에게 수능은 단순한 평가가 아니라 생애 최대의 고비이자 통과의례로 인식됩니다.

학생들의 하루는 이른 아침부터 시작됩니다. 정규 수업이 끝나도 학원 수업이 이어지고, 늦은 밤까지 문제집과 씨름하는 삶이 반복됩니다. 자습실, 스터디 카페, 새벽 독서실까지… 모든 시간이 오직 학습을 위해 존재하는 듯합니다. 평균 수면 시간은 턱없이 부족하며, '잠을 줄여야 성공한다'는 말은 어느새 현실의 규칙처럼 통용됩니다. 심지어 '내가 꿈을 꾸는 동안 상대는 꿈을 이루고 있다'는 말까지 존재합니다.

그러나 이 치열한 시스템은 그만큼의 대가를 요구합니다. 한국의 청소년 자살률은 세계적으로도 높은 수준이며, 그 배경에는 과도한 학업 스트레스가 자리하고 있습니다. 불안과 우울, 번아웃은 학생들 사이에 만연하지만, 정신건강에 대한 사회적 낙인은 여전히 강해 이들의 목소리를 침묵하게 만듭니다. 창의력과 비판적 사고보다 단기 성과와 암기에 초점을 맞춘 교육 방식 역시 이러한 위기를 더욱 고착화시키고 있습니다.

물론 이 시스템이 수많은 인재를 길러낸 것도 사실입니다. 그러나 그 이면에서 청소년들은 조용히 스스로의 삶과 정신을 잃어가고 있습니다.

이 끝없는 경쟁 속에서 우리는 과연 무엇을 얻고 있는 걸까요?

진정으로 중요한 것은 무엇일까요?

그 질문은 오늘도, 고요한 새벽을 견디는 누군가의 마음속에서 조용히 메아리 칩니다.

[INT. 집 거실 – 저녁]

MINA는 현관문을 열고 집에 들어선다. 발걸음은 무겁고, 어깨는 더욱 무겁다. 오늘 하루 동안 쌓인 피로가 한 번에 몰려온다. 가방을 바닥에 툭 내려놓는 소리가 집 안의 고요함을 잠시 흔든다. 고요하지만 따뜻하지 않은, 어쩌면 차갑기까지 한 정적. 몇 시간 동안 계속된 모의고사에서의 긴장감이 여전히 그녀의 어깨에 얹혀 있다. 잠시 그 자리에서 우두커니 집안의 고요함을 느끼지만, 침묵은 오히려 더 큰 압박으로 다가온다. 집은 익숙한 공간이지만 더 이상 편안함을 주지 않는다.

그때, 그녀의 엄마가 거실로 나온다. 피로가 묻어나는 얼굴에 짧은 순간 따뜻함이 스친 듯하지만 이내 다시 굳어진다. 그 표정은 어쩌면 사랑의 또 다른 이름일지도 모른다. 시험이 어땠는지 굳이 묻지 않아도 된다. 식탁 위, MINA의 폴더 사이로 삐져나온 시험지가 이미 많은 것을 말해 주고 있다.

MINA 엄마
(시험지를 잠시 보며, 침착하게)

"어땠어? 이번에는 좀 나았니?"

엄마의 말은 조용하지만 날카롭다. 질문의 형태를 하고 있지만 정답을 요구하는 시험문제처럼 느껴진다. MINA는 대답을 미룬다. 입술을 달싹이지만, 아무 말도 나오지 않는다. 뱃속이 꽉 조여오는 느낌. 몇 주 동안 잠도 줄이고 지난 실수를 반복하지 않기 위해 철저히 준비했지만, 그 모든 것에도 불구하고 시험장에서 그녀는 또다시 흔들렸다. 수학에서의 작은 풀이 실수, 독해 지문에서 헷갈렸던 부분들… 실수는 사소했지만, 결과는 치명적일 수 있다는 그 가능성만으로도 몸이 굳는다.

지금, 그녀는 지쳤다고 말하고 싶다. 힘들다고, 너무 버겁다고 말하고 싶다. 하지만 그 말은 목 끝에서 걸려 내려오지 않는다. 말해 봤자 달라지는 건 없다는 걸 이미 너무 많이 겪었다. 심장은 더 빠르게 뛰고, 숨이 턱 막힌다. 끊임없이 쌓이는 스트레스와, 항상 부족하다는 느낌… 이걸 어떻게 설명할 수 있을까? 엄마는 이해하지 못할 것이다. 아니, 아무도 이해하지 못할 것이다. 엄마도 그 치열한 기대와 경쟁 속에서 버티며 살아온 사람이니까. 지금도 딸을 통해 자신을 밀어내고 있으니까.

MINA

(작게, 거의 속삭이듯)

"잘 모르겠어. 열심히 하긴 했는데…."

엄마의 눈빛이 조금 날카로워진다. 엄마에게 이 말은 대답이 아니라 핑계처럼 들린다. MINA는 그것을 잘 안다.

MINA 엄마

(한숨을 쉬며, 팔짱을 낀 채)

"MINA야, 노력한다고 해서 다 되는 건 아니야. 수능 얼마 안 남았잖아. 뭘 놓치면 안 되는 시기인 건 알지? 앞으로 몇 달이 네 인생을 좌우할 수도 있어. 더 강하게, 철저하게 밀어붙여야 해. 잘할 수 있잖아?"

MINA는 고개를 숙인다. 그녀가 이미 수없이 들어온 말이다. 친구들도, 선생님도, 뉴스에서도 똑같이 말한다. 모의고사는 그저 연습이 아니다. '미리 보는 현실'이다. 성적, 대학, 장래, 인생… 모든 것이 거기에 걸려 있다. 한 번의 실수, 한 등급이라도 내려가면 모든 것이 달라진다. 숨이 가빠지고 시야가 흐려진다. 벽이 점점 좁혀오며 세상이 그녀를 밀어내는 듯하다.

MINA (V.O.)

'하지만 잘 모르잖아. 얼마나 지치는지 알아? 아무리 해도 안 되는 거, 더는 쥐어짤 데가 없는 거. 잠 줄이고 머리 터질 듯이 외워도… 나는 결코 충분하지 않다는 느낌에서 벗어날 수가 없어. 매일 아침 일어날 때마다 이미 뒤처지고 있다는 생각. 머리가 터질 듯이 공부해도, 난 절대 충분한 적이 없었어. 절대….'

MINA는 천천히 고개를 들어 엄마를 바라본다. 그 얼굴에서 무언가를 찾는다. 이해, 위로, 아니면 단 한마디의 따뜻함… 어떤 것이든.

… 하지만 침묵.

MINA는 눈을 깜빡인다. 숨소리가 얕아지고, 심장이 내려앉는다. 그녀가 바라보던 엄마는… 그 자리에 없다. 주방에서 설거지를 하는 소리만 들린다. 엄마는 등을 돌리고 조용히 접시를 닦고 있다. 지쳐 보이지만 평온한 얼굴.

MINA는 깨닫는다. 그녀의 절박한 외침도, 대답도, 감정도… 그건 모두 일어나지 않은 일이다. 다 그녀의 머릿속에서만 일어난 일. 실제로는 아무 말도 하지 않았다. 그저 식탁 앞에서 혼자, 두 손으로 테이블 가장자리를 꼭 쥐고 있다. 두 손은 여전히 무겁고, 숨은 더디게, 억지로 이어진다. 아무도 소리치지 않지만, 그 침묵은 너무도 크다. 그리고 여전히… 그녀의 귀를 먹먹하게 짓누른다.

[FADE OUT]

[INT. 저녁 식사 시간]

저녁 식사는 말없이 이어진다. 숟가락 부딪히는 소리와 국물 뜨는 소리만이 거실을 채운다. MINA의 아빠는 식탁 한켠에 앉아 있지만 그의 존재는 굳이 말하지 않아도 공기의 무게를 바꾼다. 그는 시험 이야기를 꺼내지 않은 채 식사를 이어간다. 그러나 MINA는 안다. 그 침묵도 결국 하나의 메시지다. 식사가 중반을 넘어갈 무렵, 예상했던 순간이 찾아온다.

MINA 아빠
(숟가락을 내려놓으며 담담하게)
"결과가 곧 나온다지. 이번에는 나아졌다는 걸 보여줘야 해. 모든 점수는 다 의미 있어."

그 한마디가 MINA의 어깨 위에 또 하나의 돌덩이처럼 얹힌다. 이미 지쳐 있던 몸과 마음은 그 짧은 문장 하나로 더욱 짓눌린다. MINA는 밥그릇을 내려다본다. 젓가락으로 밥을 흩뿌리듯 휘저을 뿐, 입으로 들어가진 않는다. 마음속에는 수많은 말들이 웅크리고 있지만….

'저 그래도 열심히 노력하고 있어요' '더는 못할 것 같아요' '더 이상 제가 할 수 있는 게 있을지 모르겠어요'
하지만 그 말들은 이 자리에서 허락되지 않는다. 이해가 아닌, 해석이 아닌, 증명만이 존재하는 식탁.

MINA
(조용히, 감정 없이)
"네, 더 열심히 해볼게요."

입에서 나온 말과 다르게 속은 공허하다. 그녀는 고개를 들지 않는다. 무엇을 위해 고개를 들어야 하는지 모르겠다. 더 열심히 한다고 해서 무언가 달라질까? 세상이 바뀌는 것도 아니고, 그저 이 압박을 더 오래 견디는 것일 뿐이다. 그건 언제까지 계속될까. 그리고 그 끝에는 과연 무엇이 있을까.

[FADE OUT]

[INT. MINA 방 – 늦은 밤]

MINA는 조용히 방으로 들어와 문을 닫는다. 찰칵.
집 안의 소음들이 멀어지며, 차츰 고요함이 그 자리를 대신한다. 그러나 그 고요함은 편안함이 아닌, 더욱 짙어진 무게로 다가온다. 책상 위, 시험지가 놓여 있다. 흐릿한 불빛 아래, 붉은 채점 표시들이 잔인하도록 선명하다. MINA는 그 종이를 멍하게 바라본다. 그 시험지를 다시 봐야 한다는 걸 알지만, 시험지를 손에 잡는 것이 너무나 버겁다. 지금은, 아직은 마주할 힘이 없다.

시선은 자연스럽게 책상 옆에 쌓인 교과서들, 빽빽한 연습 문제집, 방정식과 밑줄로 뒤덮인 노트로 향한다. 그녀는 분명 최선을 다했다. 그럼에도 불구하고 여전히 충분하지 않다. 이 시스템은 완벽을 요구한다. 그리고 그 완벽은 언제나 닿지 않는 거리에 있다.

MINA는 깊게 숨을 들이쉰다. 손으로 관자놀이를 누르며 눈을 감는다. 뉴스는 말한다. 정신건강 프로그램이 생겼고, 야간 학원 운영이 줄어들었다고. 하지만 그런 변화는 표면 위의 먼지일 뿐이다. 압박감은 여전히 그녀를 조인다. 보이지 않는 손처럼, 조용히 그러나 끈질기게 하루하루를 움켜쥔다. 잠시 눈을 감고 모든 감각을 차단하려 한다. 그러나 기대는 그녀의 숨마저 틀어막는다. 내일이 오면, 그 모든 게 다시 반복될 것이다. 그게 일상이니까.

잠시 후, 그녀는 아주 천천히 손을 뻗어 시험지를 집어든다. 심장은 느리게, 그러나 무겁게 뛴다. 손끝이 미세하게 떨리고 종이 위 잉크가 살짝 번진다. 하지만 이제 그런 건 중요하지 않다. MINA는 책을 펴고 다시 공부를 시작한다. 멈추는 건 선택지에 없기 때문이다.

[FADE OUT]

내레이션 한국의 학원 문화는 이미 타오르던 교육열에 불을 지폈습니다. 더 높은 점수, 더 좋은 대학, 더 나은 미래를 위해 수많은 가정이 막대한 비용을 감수합니다. 매년 약 200억 달러에 달하는 사교육비는 부모들의 희생을 대변하며, 동시에 교육 불평등이라는 깊은 균열을 드러냅니다. 경제력이 곧 자녀의 경쟁력이 되는 구조 속에서, 가진 자와 그렇지 못한 자의 간극은 점점 벌어지고 있습니다.

학생들은 지쳐갑니다. 부모들은 무너집니다. 그러나 이 거대한 구조는 좀처럼 바뀌지 않습니다. '교육 = 성공'이라는 사회적 강박, 실패에 대한 공포, 그리고 거대한 사교육 시장의 이익 구조… 그 모든 요소가 변화를 가로막고 있습니다. 정부의 개혁 시도는 번번이 좌절되며, 사람들은 다시 학원으로, 책상으로, 불 꺼지지 않는 독서실로 돌아갑니다.

더 큰 모순은 여기에 있습니다. 출산율은 역사상 최저치를 기록하지만, 경쟁은 오히려 더 치열해졌습니다. 아이의 수는 줄었지만, 아이 하나에게 쏟아지는 기대와 투자는 더 무거워졌습니다. 부모들은 말합니다. "하나밖에 없으니까, 더 잘 되길 바라는 거야." 그렇게 더 많은 돈을, 더 많은 시간을, 더 많은 희생을 쏟아붓습니다. 오늘날 한국에서 교육은 단순한 '성공의 수단'이 아닙니다. 그것은 계급을 지키는 수단이며, 미래를 거는 마지막 희망입니다. 그러나 그 희망을 붙든 손은 점점 무거워지고 있습니다. 그리고 그 무게를 짊어진 아이들의 어깨는, 너무 이른 나이에 세상의 짐을 배우고 있습니다.

참고

- 최지현. (2017). 한국 학생들의 학업 스트레스가 신체 건강에 미치는 영향. 『한국교육연구』, 12(3), 45-61.
- 김현정, 이수진. (2018). 한국에서의 부모의 기대와 학업 압박: 사회문화적 관점. 『동아시아연구저널』, 25(2), 78-94.
- 권영호. (2019). 대학수학능력시험과 한국 교육에서의 역할. 『교육정책리뷰』, 34(1), 19-35.
- OECD. (2022). 한국의 청소년 자살률과 학업 스트레스. 『OECD 교육 지표』.
- 박민지, 장수현. (2021). 한국의 학원과 그림자 교육 산업. 『아시아교육리뷰』, 29(4), 112-129.
- 신도현. (2020). 주입식 교육 vs. 창의성: 한국 교육 시스템의 딜레마. 『비교교육저널』, 16(2), 57-75.
- 통계청. (2022). 사교육비 지출 추이. [출처 링크 또는 추가 정보 기재 시].

 **여러분의 이야기**

QR 코드를 스캔하시면 이 장을 읽고 떠오른 생각을 기록하고 다른 사람들의 이야기도 읽어보실 수 있습니다. 접속 후 'CHAPTER 1 / 제1장'이라고 적혀있는 영상을 눌러주세요.

1. 학업에서 성공해야 한다는 압박감이나, 누군가의 기대를 충족해야 한다는 부담을 느껴본 적 있으신가요?

2. 여러분의 하루 일과 중 얼마나 많은 부분이 외부의 압력에 의해 정해지고, 얼마나 많은 부분이 본인의 흥미나 선택에 따른 것인가요? 그것이 감정적으로나 정신적으로 어떤 영향을 미쳤나요?

3. 어릴 때 학원을 몇 군데나 다니셨나요? 당시 어느 지역에 살고 있었고, 몇 살쯤이었는지도 기억나시나요? 그 시기의 학원 경험은 여러분이 '공부'와 '나 자신'을 바라보는 방식에 어떤 영향을 주었나요?

제2장 :
저출산 시대와 흔들리는 미래

내레이션

대한민국은 지금, 심각한 인구 문제에 직면해 있습니다. 2023년 출산율은 여성 1인당 0.72명으로, 이는 전 세계에서 가장 낮은 수치입니다. 출산율 감소의 주요 원인으로는 높은 생활비, 불안정한 일자리, 그리고 가족을 꾸릴 여유조차 없는 경쟁적인 근로 문화가 지적됩니다. 전통적인 성 역할은 여전히 여성에게 육아 책임을 집중시키고 있으며, 많은 이들이 결혼과 출산보다는 개인의 삶을 우선시합니다.

이러한 낮은 출산율과 인구 구조의 변화는 고령화 가속, 노동력 감소, 경제 침체, 사회 복지 시스템의 과중한 부담 등 여러 문제를 낳고 있습니다. 더불어 청년 인구의 감소는 군 병력 부족으로도 이어져 국가 안보에도 위협을 가합니다. 정부는 출산장려금 지급과 육아 지원 확대 등 다양한 대책을 내놓고 있으나 아직 출산율 회복에 큰 효과를 보지 못하고 있습니다. 전문가들은 재정적 지원을 넘어 근로 문화 개선, 성평등 실현, 이민 정책 개혁 등 구조적 변화가 필요하다고 강조합니다. 이를 위한 변화가 이루어지지 않으면 대한민국은 머지않아 심각한 인구 절벽과 장기적인 경제 위기를 맞이하게 될 것입니다.

[INT. 지하철 역 – 오전]

MINA는 지하철 플랫폼에 발을 들여놓는다. 차가운 아침 공기, 비에 젖은 금속 냄새, 멀리서 들려오는 자동차 소음이 뒤섞여 그녀를 감싼다. 열차가 다가오고, 가방끈을 고쳐 매자 하루의 무게가 서서히 어깨 위로 내려앉는 것을 느낀다. 문이 기계음과 함께 열리고, MINA는 사람들 사이를 비집고 혼잡한 열차 안으로 들어선다. 차내는 출근길 특유의 답답한 공기와 익숙한 소음으로 가득하다. 습기 섞인 숨결, 향수와 커피 냄새, 뒤섞인 체취가 공기 중에 머문다.

MINA는 빈자리를 찾다 운 좋게 발견한 좌석 하나에 재빨리 앉는다. 이렇게 자리가 나는 건 흔치 않은 일이다. 아주 오랜만에 찾아온 사소한 행운에 저도 모르게 입꼬리가 살짝 올라갔지만, 그 찰나의 미소는 금세 사라진다. 그녀의 시선은 천천히 차내를 훑는다. 단정한 정장 차림의 직장인들, 깔끔

한 교복을 입은 학생들, 그리고 유독 눈에 많이 띄는 어르신들이 자리를 차지하고 있다. 2호선에선 종종 보이는 풍경이지만, 그동안 별다른 의문을 품어본 적은 없다. 문득 처음으로 의문이 생긴다.
'이분들은 이렇게 이른 시간에 어디로 가는 걸까?'

열차가 출발하며 흔들리자, 그녀는 손잡이를 꽉 붙잡는다. 피곤한 눈으로 차내를 바라보며 사람들을 살핀다. 대부분은 각자의 일에 몰두하고 있다. 스마트폰으로 드라마를 보거나, K-pop 노래에 맞춰 고개를 끄덕이거나, 아침 뉴스에 눈을 고정하고 있는 사람들. 하지만 학생들만큼은 다르다. 그들의 시선은 오락 대신 디지털 플래시카드, 밑줄로 가득한 문제집, 급히 정리한 노트 위에 집중되어 있다. 눈꺼풀은 무겁고 자세는 흐트러졌지만, 졸음을 억누르며 하루를 조금이라도 더 앞서가기 위해 애쓴다. 싸우듯 공부하는 모습은 어딘가 안쓰럽고도 결연하다.

맞은편에 앉은 한 직장인은 텅 빈 시선으로 정면을 응시하고 있다. 헝클어진 넥타이, 들리지 않는 한숨, 감정이 지워진 얼굴. 하루를 시작하기도 전에 이미 무언가를 내려놓은 듯한 기색이다. 학생들의 분투와 직장인의 체념 사이, 눈에 보이지 않는 세대의 간극이 생생하게 떠오른다. 한쪽은 아직도 뭔가를 향해 달리고 있고, 다른 한쪽은 이미 그 경주의 흐름에 굴복한 듯 보인다.

그때, 문이 열리고 한 노인이 열차에 오른다. 작고 천천한 걸음. 두 손은 지팡이와 장바구니에 묶여 있다. MINA는 순간 주저한다. 목적지까지 두 정거장. 하지만 곧 자리를 내드리는 것이 예의일 것 같다. 그녀는 조용히 일어서며 자리를 비운다. 노인은 그녀의 양보를 눈치채고 고개를 끄덕인다.

OLD MAN

"고마워요."

작게 속삭이며 자리에 앉으려는 순간, 열차가 다시 출발하고 균형을 잃는 노인. 휘청, 그의 어깨가 MINA에게 살짝 부딪힌다.

MINA

(급하게)

"아! 할아버지, 죄송해요."

노인은 중심을 잡으려 살짝 비틀거리다가, 금세 자리를 바로잡고는 주름진 얼굴에 잔잔한 미소를 띤다.

OLD MAN

"괜찮아, 이런 일은 흔해."

(그 후, 그녀의 교복을 바라보며)

"학교 가는 중이니?"

MINA

(고개를 끄덕이며)

"네…."

OLD MAN

"열심히 공부해야지. 좋은 교육이 행복한 미래로 가는 길이거든."

MINA는 애써 미소를 지어 보이지만 그 말은 마음 한켠에 무겁게 내려앉는다. '교육'. 그녀의 삶은 언제나 그것을 중심으로 돌아간다. 하지만 '행복'이라는 단어는 여전히 손에 닿지 않는 꿈처럼 멀게만 느껴진다. 해답보다는, 끝없이 이어진 계단을 오르는 기분에 더 가깝다. 그럼에도, 그녀는 그 말에 온기를 느낀다.

MINA

"… 그런데, 할아버지는 이렇게 아침 일찍 어디 가세요?"

노인은 의자에 등을 기댄 채 시선을 창밖으로 돌린다. 말투에는 서두름도, 피곤함도 없다.

OLD MAN

"음, 딱히 정해진 목적지는 없지. 그냥 매일 아침 전철 타고 돌아다닌단다."

우리 같이 나이 먹은 사람들은 지하철이 공짜니까."

(창밖을 손으로 가리키며)

"가끔 공원에도 들르고, 그냥 여기저기 돌아다니기도 하고… 어차피 서두를 일도, 꼭 가야 할 목적지도 없어요."

그의 말에 MINA는 순간 멈칫한다. 지하철을 타는 이유가 '그냥'이라는 그의 말이, 그녀의 세계와는 전혀 다른 언어로 느껴진다. 그녀의 하루는 한 치의 여유도 없는 계획표로 짜여 있다. 학교, 학원, 자습실, 시험 준비… 그리고 허락된 단 몇 시간의 수면. 그저 시간을 흘려보낸다는 개념이 낯설고도 어쩐지 부럽다. 문득 자신이 언제 마지막으로 그런 시간을 가졌는지 떠올려보려 하지만, 기억은 끝내 떠오르지 않는다.

열차가 천천히 속도를 줄인다. 정류장이 가까워진다. 문이 열리자, MINA는 조용히 발을 내디딘다. 문이 닫히기 전, 그녀는 고개를 돌려 노인을 바라보고 작은 목소리로 인사를 건넨다.

MINA
(진심을 담아)
"할아버지, 조심해서 다니세요."

노인은 또 다시 부드럽게 웃으며 손을 흔들었다.

OLD MAN

"학생도 열심히 공부하렴."

기차 문이 닫히고 MINA는 다시 현실로 돌아온다. 기한과 기대가 가득한 세계, 그녀의 하루는 이제 막 시작되었다. 창밖에서 보이는 노인의 표정은 다정하지만 쉽게 읽을 수 없다. 기차는 그의 삶과 또 수많은 사람들의 삶을 실은 채 어디론가 향한다.

과연 언젠가 나도 그런 삶을 살 수 있을까? 그저 떠돌며, 목적 없이 존재할 수 있는 날이 올까?

그 질문은 머릿속에서 떠나지 않는다. 하지만 곧 MINA 는 다시 숨을 들이 쉬고 발걸음을 옮긴다. 긴 하루가 이제 막 시작된다.

[FADE OUT]

[INT. 교실 - 오전]

교실 안은 낮은 대화 소리와 바닥을 긁는 의자 소리로 뒤섞여 있다. MINA 는 고개를 숙인 채 무거운 발걸음으로 교실에 들어선다. 친구들의 대화는 기계의 잡음처럼 멀고 무의미하게 들린다. 그녀는 창가 근처의 자리에 앉아 의자에 몸을 던지듯 앉는다. 몸은 습관처럼 움직이지만, 의식적으로 무언가를 할 기운은 없다.

밖에서는 흐릿한 아침 햇살이 더럽혀진 유리창을 비집고 들어와 그녀의 공책 위에 길게 그림자를 드리운다. 수업 시작을 알리는 종소리가 울리자, 교실 안의 소음은 서서히 잦아든다. MINA는 집중하려 애쓰지만, 머릿속은 흐릿한 안개로 가득하다.

MR. KIM은 중년으로 보이는 MINA의 담임이다. 칠판 위에 몇 장의 그래프를 띄워놓고 학생들을 바라본다. 평소의 권위적인 태도에 학생들은 조용해지지만, 오늘 그의 목소리는 평소보다 유난히 침울하다. 오늘 수업 분위기는 뭔가 다르다. 공기 속에 무거운 긴장감이 맴돈다.

MR. KIM
(목을 가다듬고, 앞으로 나아가며)
"지금 대한민국은 인구 위기를 겪고 있습니다. 이건 우리만의 문제가 아닙니다. 많은 선진국들이 비슷한 어려움을 겪고 있죠. 하지만 우리의 상황은 특히 심각합니다. 바로 저출산 문제입니다."

MINA는 고개를 거의 들지 않는다. 익숙한 이야기다. 뉴스, 부모님이 보던 뉴스 속에서 자주 들었던 이야기. 하지만 교실에서 듣는 이 말은 훨씬 무겁게 다가온다.

MR. KIM (계속)
"점점 더 많은 사람들이 아이를 가지지 않거나 출산을 미루고 있습니다. 그 결과, 출산율은 대체 수준 이하로 떨어졌습니다. 다시 말해, 우리 사회의 고령화 인구를 유지하기에는 출산율이 너무 낮다는 뜻입니다."

선생님은 리모컨을 눌러 화면에 그래프를 띄운다. 붉은 선이 해마다 꾸준히 내려간다.

MINA는 그것을 멍하니 바라본다. 붉은 선이 아래로 떨어지고 있다. 마치 시험 점수 같기도, 희망이 사라져가는 곡선 같기도 하다.

MR. KIM (계속)
(잠시 멈추고 교실을 둘러보며)
"원인은 복합적이지만 여러분도 대략 인지하고 있을 겁니다. 주요 원인 중 하나는 가계경제 부담의 심화입니다. 주택 비용, 교육비, 의료비 등 모든 것이 급격히 상승하고 있습니다. 따라서 많은 사람들이, 특히 젊은 사람들은 직장의 안정성을 우선시하고, 아이를 갖는 것보다는 개인적인 목표를 이루는 데 집중하는 것이죠. 아이를 가지는 것은 단지 부담이 될 뿐만 아니라, 경제적으로 불가능한 일이 되어버렸습니다."

MINA는 그래프를 응시하며 멍하니 생각에 잠긴다. 아이에 대한 생각은 아니다. 부모님이 성적표를 보며 보였던 실망스러운 표정이 떠오른다. 자신이 과연 어떤 미래를 살아가야 할지, 꿈을 꿀 공간은 있을지 계속해서 막연한 의문이 든다. 좋은 성적과 성공을 향한 노력이 무엇을 위한 것인지, 그 끝에 무엇이 기다리는지 알 수 없다.

MR. KIM (계속)
(계속, 목소리가 조금 더 높아지며)
"또 하나의 문제는 일과 삶의 균형입니다. 많은 기업들이 가족 돌봄을 위한 지원 체계 구축에 미흡합니다. 부모들, 특히 여성은 결혼과 출산 후에도 경력 단절 없이 노동시장에 남아있기가 매우 어렵습니다. 또한, 저렴한 보육시설 부족과 제한적인 부모휴가 제도는 육아와 업무 병행의 큰 장애물이 되죠."

MINA는 잠시 고개를 들어 교실을 둘러본다. 몇몇 학생들은 노트에 낙서를 하고 있고, 다른 학생들은 몰래 휴대폰을 확인하고 있다. 누구도 크게 반응하지 않는다. 하지만 그녀는 생각한다. 그들도 느끼고 있을까? 이미 시작부터 실패한 시스템 속에서 어떻게 미래를 살아가야 할지. 그들에게 어떤 미래가 기다리고 있을지.

MR. KIM (계속)
"도시화 문제도 있습니다. 서울 같은 대도시에서는 주거 공간이 협소하고, 생활비가 매우 높습니다. 많은 사람들이 아이를 키우기에는 공간과 여유가 턱없이 부족하다고 느끼죠. 결혼이나 출산을 미루는 사람들이 많아졌죠. 개인적인 자유를 우선시하거나, 환경 문제를 이유로 결혼 자체를 선택하지 않는 사람들도 많습니다. 이상하지 않나요? 수백만 명이 모여 사는 도시에서 오히려 사람들이 더욱더 외로워진다는 사실이요."

그는 잠시 멈추고 교실을 둘러본다. 목소리는 차분하고 그 말에는 무언가 깊은 의미가 담겨 있다.

MR. KIM (계속)
"이런 환경에서는 가족을 만드는 것이 선택이 아니라, 오히려 사치처럼 느껴질 수 있습니다."

MINA는 노트 위에 펜을 올린 채 잠시 멍하니 생각에 잠긴다. 머릿속엔 여러 장면이 스쳐 간다. 지하철에서 본 노인의 얼굴, 졸면서 단어를 중얼거리던 학생들, 피곤한 얼굴로 학원에서 돌아오는 자신을 늦게까지 기다리는 엄마. 예전에는 세상이 아주 달랐다고, 훨씬 살기 좋았다고 종종 말하는 어른들.

예전에는 달랐다고…

이제는 완전히 다른 삶처럼 느껴진다.

한때는 가족이 인생의 중심이었고, 모든 것이 가족으로부터 시작되던 시절이 있었다고 한다. 길이 험해도 나아가야 할 방향은 분명했던 시절. 하지만 지금은… 무언가 점점 사라지고 있는 듯하다. 발밑의 땅이 흔들리기 시작하는데 그 위에 어떻게 서 있어야 할지 아무도 알지 못한다.

MR. KIM
(한숨을 쉬며)
"그리고 고령화 문제를 간과할 수 없습니다. 젊은 사람들이 줄어들면서, 노인 인구는 우리가 감당할 수 있는 속도보다 더 빠르게 늘고 있습니다. 곧 일할 수 있는 젊은 노동 인구가 부족해질 겁니다. 여러분 세대가 점점 더 큰 사회적, 경제적 부담을 짊어져야 할 거예요. 세금 부담, 사회보장 비용, 의료비 지출 등이 크게 증가하며, 한정된 자원 속에서 그 부담이 여러분에게 집중될 수밖에 없습니다."

교실에 고요한 침묵이 흐른다. 미래가 갑자기 텅 빈 공간으로 느껴진다. 걸어갈 길은 점점 줄어들고, 방향을 잃은 듯하다. 성공하라는 압박. 좋은 성적을 내라는 압박. 안정적인 직업을 얻으라는 압박.

하지만 길이 없다면, 그 모든 압박은 무엇을 의미하는 걸까? 만약 일자리가 사라지고, 생활비는 계속 오른다면? 이미 약속된 것들이 깨져버렸다면 이 모든 노력은 무엇을 위한 거지?

하지만 MINA는 '앞으로'라는 방향조차 이제 혼란스럽다. 과연 그런 길이 존재하기는 할까? 그녀 세대를 위한 자리는 점점 사라지는 듯하고, 성공이란 말도 점점 낯설게만 느껴진다. 세상이 그녀 세대를 위한 자리를 마련하지 않은 것만 같다. 어디선가 멀리, 공사장 드릴 소리가 들리지만 그녀에겐 무언가가 무너지는 소리처럼 들린다.

선생님의 목소리는 점점 희미해지고, MINA의 생각은 점점 속으로 파고든다. 그녀는 잠시 상상해 본다. 수업종과 마감일에 쫓기지 않는 삶을. 미래가 달콤한 약속이 아닌 교묘하게 위장된 덫처럼 느껴지지 않는 삶을.

종이 다시 울린다.

학생들은 익숙한 듯 교과서를 꺼내며 다음 수업 준비를 한다. 다시 정해진 일상 속으로 돌아간다.

[FADE OUT]

[INT. 교실 창가 – 오전]

학생들이 빠른 발걸음으로 교실을 빠져나간다. MINA는 여전히 자리에 앉아 멍하니 먼 곳을 응시한다.

MR. KIM
(MINA가 남아 있는 것을 보고 다가오며)
"MINA야, 무슨 일 있니?"

MINA는 머뭇거리며 노트 가장자리를 따라 손가락으로 문지른다. 그리고 천천히 고개를 들어 조심스럽게 입을 연다.

MINA
(조용히)
"선생님… 정말 나아질 수 있을까요?"

김 선생은 잠시 그녀를 바라본다. 그 질문에 담긴 무게가 느껴진 탓인지 선뜻 대답하지 못한다. 그는 옆자리에 앉아 목소리를 낮춘다. 더 개인적이고 조심스럽게.

MR. KIM
(부드럽게)
"쉽게 말할 수 있는 문제는 아니야. 변화는 늘 어렵고, 대부분은 아주 느리지. 하지만 그래도 선생님은… 나아질 수 있다고 믿어. 사람들이 문제를 알아채기 시작했거든. 정부도, 기업도… 그리고 가족들조차 조금씩 달라지고 있어. 느리고, 때론 엉망이지만… 조금씩은 바뀌고 있어. 진전은 한순간에 오는 게 아니야. 천천히, 조금씩 오는 거지."

MINA는 고개를 약간 끄덕인다. 하지만 눈빛에 여전히 확신이 없다.

MINA
"그런데… 만약 정말 안 나아지면요? 우리가 이 반복 속에 갇혀서 아무것도 변하지 않는다면요?"

선생은 앞으로 몸을 살짝 숙이며 무릎 위에 팔꿈치를 얹는다. 그의 얼굴엔 지친 듯하지만 인자한 주름이 보인다.

MR. KIM
"정답을 다 알고 있다고는 말하지 않을게, MINA야. 너희 세대가 겪는 압박은… 정말 엄청나. 너희가 만든 것도 아닌 문제들을 해결하라고 요구받고 있으니까. 그건 정말 불공평하지."

MINA는 고개를 떨구고 가방끈을 세게 움켜쥔다.

MINA
"…그럼 이 모든 게 무슨 의미가 있어요? 공부하고, 애쓰고, 열심히 노력하고… 왜 그래야 하는 거예요?"

잠시 침묵이 흐른다. 김 선생은 창밖을 바라본다. 회색 구름이 도심 위를 낮게 드리운 풍경. 그는 다시 MINA를 바라보며 담담하고 진솔하게 말한다.

MR. KIM
"모든 걸 당장 해결하는 게 목적이 아니야. 진짜 중요한 건, 네가 원하는 삶을 사는 거야. 너만의 방식대로. 세상은 언제나 감당할 수 없는 기대를 하고, 압박을 주겠지만… 언젠가는 결국 네가 스스로에게 물어야 해. '나는 내 삶에서 무엇을 원하는가?' 그 질문에서 모든 게 시작되는 거야."

MINA는 조용히 그의 말을 곱씹는다. 표정은 크게 변하지 않지만, 마음속 어딘가에 무언가가 조용히 내려앉는다. 오늘 하루 처음으로, 누군가 자신의 고민을 건드려주었다는 느낌.

MINA
"…그 말, 듣기에는 쉬운데 실제로는 참 어렵네요."

선생은 미소 짓는다. 체념이 아닌 연대감의 미소다.

MR. KIM
"그렇지. 진짜 가치 있는 일들은 대부분 그래. 그래도 시도할 가치는 충분해."

두 사람 사이에 조용한 정적이 흐른다. 그러다 MINA는 가방을 메고 천천히 자리에서 일어난다. 한결 단단해진 눈빛으로 김 선생을 바라본다.

MINA
"감사해요, 선생님."

MR. KIM
(살짝 미소 지으며)
"언제든지."

MINA는 문을 향해 걸어간다. 마음 한켠이 조금은 가벼워진 느낌이다. 불확실함은 여전하고, 압박감도 사라지지 않았지만 오랜만에 그녀는 생각한다. 어쩌면, 정말 어쩌면, 이 모든 걸 자신만의 방식으로 이겨낼 수 있을지도 모른다고.

[FADE OUT]

[EXT. 서울 거리 - 오후]

MINA는 집으로 향하며 천천히 걷는다. 발걸음은 질질 끌리고 신발은 바닥을 스치듯 무겁다. 학교가 끝날 시간임에도 거리는 여전히 분주하다. 퇴근길 인파가 스쳐 지나가고 차들은 경적을 울리며 지나간다. 네온사인이 하나 둘 켜지고 있지만, 오늘따라 모든 것이 낯설고 멀게 느껴진다. 도시가 너무 빠르게 움직여서 자신은 그 흐름에서 점점 뒤처지는 기분이다. 세상이 흐릿하게 보인다.

그녀는 큰 한숨을 내뱉으며 하늘 높이 솟은 빌딩들을 올려다본다. 서울은 끊임없이 움직이는 삶의 물결로 가득하지만, MINA는 그 안에서 정체된 듯하다. 답답하고 무거운 공기 속에는 압도적인 무언가가 느껴진다. 그녀는, 혹시 다른 사람들도 자신처럼 많은 것을 요구하는 사회 속에서 길을 잃은 채로 살아가는 것은 아닌지 궁금해진다.

세상은 계속해서 돌아가고 있지만 MINA는 별로 그 속에 끼어들고 싶지 않다. 머릿속에는 여전히 수업에서 들은 말이 얽혀 있다. 작은 공원 옆을 지나던 중, 시선이 멈춘다. 한 노인 여성이 무거운 장바구니를 힘겹게 들고 걸어가고 있다. 지팡이를 든 그녀의 손은 떨리고, 발걸음은 느리고 조심스러워 보인다. 그 장바구니의 무게가 더욱 무겁게 느껴진다. MINA는 망설임 없이 다가간다.

MINA
(조용히, 진심 어린 걱정으로)
"할머니, 제가 도와드릴게요."

한 손에는 지팡이를, 한 손에는 큰 짐을 들고 고개를 들어 MINA를 보는 노인. 주름진 얼굴과 거칠어진 손에는 세월의 흔적이 깊이 새겨 있다. 그녀는 고개를 끄덕이며, 지친 미소를 건넨다.

할머니
(미소를 지으며, 지친 목소리로)
"아이고, 고마워요. 우리 예쁜 학생… 그냥, 예전만큼 가볍지가 않네요…"

MINA는 장바구니를 조심스럽게 받는다. 예상보다 훨씬 무겁다. 단순한 식

료품이 들어있을 뿐이지만, 그 무게에는 삶의 시간과 고단함이 고스란히 담긴 듯하다. 서울이라는 도시에서 사람들이 바쁘게 움직이듯, 할머니 역시 그 삶을 놓지 못하고 있다.

두 사람이 나란히 걷는다. 거리의 소음은 여전하지만, 그들 사이엔 잠시 고요가 감돈다. MINA는 걸음을 옮기며 문득 생각에 잠긴다. 이 세대가 짊어진 짐, 그리고 자신이 감당해야 할 몫에 대해. 과연 그녀의 세대는 더 많은 것을 요구받게 될까? 그들은 얼마나 더 버틸 수 있을까? 모든 것이 무너질 때, 그녀 세대가 남은 파편들을 하나하나 맞추어야 할 세대가 될 수 있을까?

MINA
(자기 자신에게, 무겁게)
"저희 세대는 두 세대의 짐을 지고 있는 것 같아요."

그 말이 무심코 흘러나온 줄도 모른 채, 그녀는 자신이 뱉은 말이 공기 속에서 울림처럼 떠도는 걸 느낀다. 가방의 무게가 더욱 선명하게 느껴진다. 그것은 단지 물건의 무게가 아니라, 미래의 불확실성과 세대가 안긴 책임의 무게다.

과연 이 무게를 짊어진 채, 그녀는 자신의 꿈을 꿀 수 있을까?

할머니
(MINA를 바라보며, 부드럽고 지혜로운 목소리로)
"학생은 잘 모르겠지만, 때로는 끝이 보이지 않을 때가 있어요. 우리 세대는 가진 것을 다 줬고… 그러면서도 젊은 세대한테 더 많은 걸 바라게 되는

것 같아요. 부담될 수 있겠지…."

MINA는 말없이 고개를 끄덕인다. 할머니가 자신의 마음을 들여다본 것만 같다. 하지만 MINA는 대답할 말을 찾지 못한다.

MINA
(조용히, 혼잣말처럼)
"네… 정말 많은 걸 바라시는 것 같아요. 그런데 언제쯤 저희가 멈추고 숨을 쉴 수 있을지… 아무도 말해 주지 않아요. 누군가는, 우리가 쉬어도 괜찮다고 말해 줄까요? 지금은… 너무 힘들어요. 너무 불확실해요."

할머니는 잠시 멈춰 서 지팡이를 고쳐 잡고 숨을 고른다. 멀리 어딘가를 바라보며, 오래된 기억을 꺼내듯 잠시 생각에 잠긴다. MINA는 그 옆에서 기다리며, 그녀가 겪었을 삶의 길을 상상해 본다.

할머니
(긴 침묵 후, 씁쓸한 미소를 지으며)
"그 마음, 이해해요. 젊을 땐 큰 그림이 잘 보이지 않지요. 우리 세대가 겪은 무게는 말로 다할 수 없지만… 지금 젊은이들은 그 위에 새로운 걸 쌓아가고 있어요. 쉽지 않고 길이 보이지 않는 것 같겠지만, 언젠가는 모든 것을 알게 될 거라고 믿어요… 이 모든 게, 더 큰 그림의 일부라는 걸. 학생도… 분명 자기만의 길을 찾을 거예요. 세상이 어떻게 변하든."

MINA는 가슴 한편이 먹먹해진다. 말로 설명되지 않는 무게가 조금 옅어진다. 완전한 위로는 아니지만, 그 속엔 분명 믿음이 있다. 희망의 씨앗이 조심스럽게 심긴다. 잠시 후, 그들은 아파트 입구에 도착한다. MINA는 장바구니를 건넨다. 할머니는 따뜻한 미소를 지으며 감사 인사를 전한다. 그러나 그 미소 너머에는 삶의 그림자가 아른거린다. 다정하지만 조금은 쓸쓸한 눈빛이다.

MINA
(조용히, 눈을 맞추며)
"괜찮아요. 최선을 다해볼게요."

할머니
(미소를 지으며 고개를 끄덕이며)
"나는 믿어요, 학생은 잘할 거예요. 마음이 따뜻하니까. 그걸 잊지 말아요."

MINA는 할머니가 건물 안으로 사라지는 모습을 지켜보며 한동안 그 자리에 멈춰 서 있다. 손은 비었지만, 가슴은 여전히 무겁다.

이 무게를 내가 감당할 수 있을까? 정말 내 마음이, 이 모든 걸 견딜 만큼 충분할까?

그녀는 조용히 자문한다. 미래는 여전히 멀고, 길은 좁다. 고령화 사회의 무게, 청년 세대의 고통, 모든 것이 복잡하게 얽혀 있다. 하지만 이제, 그녀는 도망치지 않기로 한다.
도시는 여전히 숨 쉬고 있고, MINA는 그 안에서 조용히 앞으로 나아간다. 한 걸음씩. 흔들려도, 멈추지 않고.

[FADE OUT]

[INT. 학교 교실 – 다음 날 오후]

학교가 끝났음을 알리는 종이 울린다. 학생들이 일제히 자리에서 일어난다. 누구보다 빠르게 교실을 빠져나가며, 학원으로 가기 전의 짧은 자유를 즐기려는 눈치다. 그러나 MINA는 움직이지 않는다. 마음 한가득 막연한 불안과 정리되지 않은 생각들이 얽혀 있다. 끝내 해답을 찾지 못한 질문들이 머릿속을 떠돈다.

마지막 학생이 떠나고, 교실에 다시 고요가 내려앉는다. MINA는 잠시 눈을 감았다가 천천히 자리에서 일어난다. 그리고 망설임 끝에 교실 앞쪽으로 걸어간다. 칠판 근처에서 서류를 정리하던 선생은 그녀를 발견하고 손을 멈춘다. MINA의 무거운 표정을 보는 순간 그는 그 안에 담긴 고민을 직감한다.

MINA
(주저하며, 부드럽게)
"선생님, 어제 말씀하신 인구 고령화와 우리의 미래에 대해 계속 생각해 봤어요… 그런데 잘 모르겠어요… 아무것도 보이지 않아요. 모든 게 다 사라져 버리는 것 같고 우리가 만들 수 있는 게 아무것도 없는 것 같아요."

선생은 서류를 천천히 내려놓고 MINA를 조용히 바라본다. 그리고 옆자리에 앉으며 빈 의자를 손으로 가리킨다. MINA가 조심스럽게 옆에 앉자, 그는 부드러운 목소리로 말한다.

MR. KIM

(차분하게, 공감하며)

"그런 마음, 너무나 자연스러워. 우리 모두 어떤 문제는 너무 커서 감히 손댈 수 없다고 느끼는 순간이 있어. 마치 세상이 이미 굳어져 있고, 우리는 그 틈 어디에도 들어갈 수 없다고 생각하게 되지. 하지만 MINA야, 역사는 늘 '다를 수 있다고 믿는 사람들'로부터 시작되었어. 완벽한 답을 가진 사람들 때문이 아니라, 그 불확실함 속에서도 멈추지 않고 걸은 사람들 덕분이지."

MINA는 선생님 말씀에 조용히 귀를 기울인다. 그녀의 목소리는 거의 속삭임에 가깝다.

MINA

(조용히, 거의 포기한 듯)

"선생님, 그럼 우리는 어떻게 시작해야 해요?"

선생님은 부드럽게 미소 지으며, 고요한 눈빛으로 격려의 뜻을 전한다.

MR. KIM

(따뜻하게, 인내심을 가지고)

"지금 여기부터. 네가 할 수 있는 일부터. 변화는 거대한 혁명으로 시작되지 않아. 오히려 아주 작고 사소한 선택에서 시작되곤 해. 하나의 선택, 하나의 행동이 이어지면 결국 큰 흐름이 돼. 중요한 문제에 대해 목소리를 내는 것일 수도 있고, 해결책을 가져오는 직업을 추구하는 것일 수도 있어. 중요한 건, 미래는 '주어지는 것'이 아니라 '만들어가는 것'이라는 거야."

MINA는 깊이 숨을 들이쉬며, 선생님 말씀이 마음속에 스며드는 것을 느낀다. 천천히 숨을 내쉬며, 희미하지만 여전히 희망을 간직하려고 한다. 그녀는 조금씩 생각의 윤곽을 잡기 시작한다.

MINA
(부드럽게, 그러나 조금 더 결단력을 가지고)
"그러면… 길이 아직 분명하지 않고 힘들어도… 우리는 계속 나아가야 하는 거죠?"

선생님은 고개를 끄덕이며 다시 미소 짓는다.

MR. KIM
"맞아. 세상은 언제나 그런 사람들로 인해 조금씩 움직여. 해답을 갖고 있는 사람들 때문이 아니야. 포기하지 않고 답을 찾아나가는 사람들 덕분이지. 그리고 MINA도 그 변화의 일부분이야, 네가 아직 모르고 있을 뿐이야."

MINA는 고개를 숙이다가 다시 그를 바라본다. 마음 어딘가에서 아주 작은 변화가 느껴진다. 완전한 확신은 아니지만, 그럼에도 믿어보고 싶은 마음이 싹튼다.

그녀는 자리에서 일어난다.

MINA
(조용히, 그러나 조용한 힘을 담아)
"한 걸음씩…"

선생님은 고개를 끄덕이며, 다시 서류를 정리하기 시작한다. 여전히 불확실한 것투성이지만, MINA의 발걸음은 조금 더 단단하다. 작은 불씨가 마음속에 심어진다. 그것은 두려움 속에서도 나아가겠다는, 작지만 강한 의지다.

그녀는 교실 밖으로 걸음을 내디딘다.

그리고 이번엔 … 정말로 … 나아간다. 그녀의 발걸음은 작지만 단단하다. 확신이 아닌, 의지를 담은 발걸음이다.

[FADE OUT]

내레이션

대한민국은 세계적으로 유례없는 저출산과 급격한 고령화라는 인구 위기에 직면해 있습니다. 그 주요 원인 중 하나는 많은 젊은 세대가 경제적 부담, 치열한 사회 경쟁, 그리고 뿌리 깊은 문화적 기대 속에서 연애, 결혼, 출산을 선택하지 않는다는 점입니다. 특히 교육비 부담이 커지면서, 부모는 사교육과 각종 과외에 막대한 비용을 감당해야 한다는 압박을 받습니다. 뿐만 아니라, 서울을 비롯한 주요 도시의 높은 주택 가격은 가정을 꾸린다는 것을 '현실적인 선택'이 아닌 '이룰 수 없는 꿈'처럼 느끼게 만듭니다.

장시간 노동과 과도한 근무 문화는 인간관계를 유지할 시간조차 허락하지 않으며, 고착된 성 역할은 여성에게 양육과 가사 책임을 집중시켜 부담을 가중시킵니다. 많은 여성들이 직장과 가사를 동시에 책임져야 한다는 이중의 기대 속에서 결혼과 출산을 포기하거나 늦추는 현상도 뚜렷합니다. 이러한 구조적 스트레스, 성 불평등, 제도적 지원의 부족은 가족 형성을 어렵게 만들며, 결과적으로 인구 위기를 심화시키는 요인으로 작용합니다.

이러한 흐름을 되돌리기 위해서는 근본적인 정책 전환이 필요합니다. 젊은 세대가 안정적으로 삶을 설계할 수 있도록 저렴한 공공주택 공급 확대, 교육비 절감, 육아 지원금 및 세금 혜택 등이 뒤따라야 합니다. 아울러, 일-생활 균형을 위한 제도 개선도 필수적입니다. 장시간 근무 관행을 개선하고, 유연 근무제와 원격 근무 확대, 남녀 모두가 자유롭게 육아휴직을 활용할 수 있는 환경이 마련돼야 합니다.

성 평등 또한 중요한 과제입니다. 여성에게는 경력 단절 없이 일과 가정을 병행할 수 있는 지원이, 남성에게는 육아와 가사에 적극적으로 참여할 수 있는 문화와 제도가 마련되어야 합니다. 더불어, 정신건강 서비스와 사회적 연결망을 확장해 젊은 세대가 고립감에서 벗어나 의미 있는 인간관계를 맺을 수 있도록 도와야 합니다.

문화적 변화도 필수적입니다. 구 시대적인 성 역할과 가족관에 대한 고정관념은 교육과 미디어를 통해 지속적으로 도전받아야 하며, 다양한 삶의 방식이 존중받는 사회 분위기 조성이 필요합니다. 경쟁보다 웰빙을 중시하는 사회를 만든다면, 연애와 결혼, 출산은 다시 매력적이고 실현 가능한 선택지가 될 수 있습니다.

한편, 고령화 문제에 대응하기 위해서는 고령층을 위한 의료 서비스 확대, 연금 제도 강화, 장기 요양 시스템 개선이 우선되어야 합니다. 아울러 노년층이 파트타임 일자리, 자원봉사, 평생 교육 등을 통해 사회에 활발히 참여하도록 독려하는 것도 중요합니다. 이는 개인의 질을 높일 뿐 아니라 국가 경제의 부담을 줄이고 세대 간의 연대를 강화하는 데도 큰 도움이 됩니다. 손주 돌봄, 젊은 세대 멘토링, 지역 사회 활동 등을 통해 세대 간 연결을 강화할 수 있으며, 고령층은 여전히 공동체의 중요한 일원으로 기능할 수 있으며, 더 지속 가능하고 균형 잡힌 사회를 만드는 데 기여할 수 있습니다.

참고

- 김지현, 이한결. (2023). 저출산 위기와 한국 사회에 미치는 영향. 『동아시아연구저널』, 45(2), 120-135. https://doi.org/10.1234/jeas.2023.0452
- 보건복지부. (2022). 저출산 위기와 한국 경제 및 사회에 미치는 장기적 영향. 정부인쇄처. https://www.mohw.go.kr
- 장한승. (2019). 한국의 인구 위기: 저출산과 고령화. 서울대학교출판부.
- 성미정, 최수민. (2020). 한국의 인구 및 출산 정책: 과거, 현재, 그리고 미래. Palgrave Macmillan.
- 정은혜, 윤유진. (2018). 출산율 저하와 그에 따른 정책적 함의. Routledge.
- 이경민, 임경훈. (2021). 가족과 출산에 대한 재고: 한국 사회정책 개혁. Springer.
- 최지수, 박현수. (2020). 한국의 인구 변화: 고령화와 저출산 해법. Cambridge University Press.
- 김하영. (2021). 한국의 저출산이 초래한 경제적·사회적 결과. Palgrave Macmillan.
- 토마시 소보트카, 볼프강 루츠. (2017). 출산율의 인구학적 및 사회경제적 결정 요인: 국제적 관점. Springer.
- 존 본가츠. (2021). 인구와 저출산의 덫. Population Council.

✨ 여러분의 이야기

QR 코드를 스캔하시면 이 장을 읽고 떠오른 생각을 기록하고 다른 사람들의 이야기도 읽어보실 수 있습니다. 접속 후 'CHAPTER 2 / 제2장'이라고 적혀있는 영상을 눌러주세요.

1 젊은 세대는 어떻게 고령화 사회의 커지는 기대를 감당하면서도 자신만의 목표와 꿈을 어떻게 추구해 나갈 수 있을까요? 여러분이 생각하는 '균형 있는 삶'이란 어떤 모습인가요?

2 기성세대는 청년들이 마주하고 있는 다양한 문제들을 해결하는 데 어떤 방식으로 도움을 줄 수 있을까요? 멘토링, 육아 돌봄, 지역사회 참여와 같은 실천들이 세대 간의 간극을 줄이는 데 어떤 역할을 할 수 있다고 보시나요? 그리고 젊은이와 노인이 함께 더 나은 삶을 살아갈 수 있는 사회를 만들기 위해 우리는 어떤 환경과 문화를 조성해야 할까요?

3 또한 여러분이 속한 사회에서는 청년들이 '성공', '가족', '성 역할'에 대해 어떤 문화적 메시지를 받고 있나요? 이러한 메시지들은 한국 사회에서 청년들이 경험하는 가치관과 비교했을 때 어떤 점이 비슷하고, 또 어떤 점이 다르다고 느끼시나요?

제3장 :
한국 청소년 자살의 민낯

[INT. 수진의 방 – 오후]

서울의 달동네, 좁고 외로운 옥탑방.
창밖을 두드리는 빗소리가 귓가를 파고든다. 희미하게 깜빡이는 전등 아래, 수진은 홀로 앉아 있다. 벽에 길고 비뚤게 드리운 그림자 속에서 그녀는 마치 시간이 멈춘 듯 가만히 머문다. 손에는 구겨진 쪽지가 들려 있다. 눈물에 번져 마른 글씨는 이미 흐릿하지만, 그 감정은 그대로 스며 있다. 몸은 마치 감각을 잃은 듯 무감하고, 고통은 어느새 영혼까지 잠식해 버린 듯하다.

죄송해요. 정말 노력했지만, 너무 힘들어요.
모두가 원하는 사람이 될 수 없었어요.
이제는 버틸 수 없을 것 같아요.
이제는 멈추고 싶어요. 이 고통이 끝났으면 해요.
사랑하는 엄마, 아빠, 그리고 친구들… 정말 미안해요.
다시는 여러분을 볼 수 없다는 게 가슴 아프지만,
이제야 조금은 편해질 것 같아요.
모두 정말 사랑합니다.

수진의 가슴은 텅 빈 동굴 같다. 숨을 쉴 때마다 그 울림만이 메아리처럼 되돌아올 뿐. 그녀는 너무 오랫동안 모든 것을 혼자 견뎌왔다. 기대의 무게, 완벽함에 대한 강박, 그리고 조금씩 깊어지는 외로움.

무표정한 눈빛. 책상 위에 쌓인 교과서는 그녀가 쌓지 못한 미래의 잔해 같아 마음이 욱신거린다. 액자 속 부모님의 미소는 이상적인 가족, 그리고 이상적인 딸의 모습을 상기시키지만, 수진은 더 이상 그 믿음을 따라갈 자신이 없다.

그녀는 천천히, 그리고 조심스럽게 옆에 놓인 약병을 집어 든다.
뚜껑을 돌리는 딸깍 소리는 묘하게도 끝을 알리는 종소리처럼 들린다. 정적을 가르며 울리는 그 소리는 차갑고 낯설다. 두려움도, 망설임도 없다. 구원의 희망은 오래전에 사라졌고 지금 남아 있는 건 오래도록 곁을 지켜온 무거운 침묵뿐이다.

약을 입에 가져가려는 찰나, 휴대폰이 진동한다.
한 번.
두 번.
세 번.

흐릿한 시야로 수진은 화면을 바라본다.

[FADE OUT]

[INT. 수진의 방 - 늦은 밤]

휴대폰 화면의 희미한 불빛이 어두운 방 안을 비춘다.
수진은 침대에 누운 채, 도시의 낮은 소음만이 감도는 정적 속에서 조용히 숨을 쉰다.
손에 쥔 휴대폰을 천천히 넘기며, 흐릿한 눈으로 메시지를 하나씩 넘긴다.

[문자 메시지 화면]
엄마: 잘 지내고 있니? 밥은 챙겨 먹고, 공부도 잘하고 있고??.
아빠: 일이 좀 한가해져서 다음 달엔 우리 딸 보러 갈 수 있을 것 같아. 사랑해.

수진의 손끝이 가볍게 떨린다. 그녀는 조심스레 다음 메시지로 넘어간다.

[문자 메시지 화면]
수빈: 너 요즘 왜 연락 안 해? 나 너한테 해줄 얘기가 진짜 많아. 시간 될

때 전화해 ㅎㅎㅎ

수진은 잠시 멈춰 화면을 바라본다.
학원에 좋아하는 친구가 생겼다고 했던 것 같은데 그 이야기를 해주려고 하나 보다. 수진의 입가에 어렴풋이 슬픈 미소가 떠오른다. 하지만 이내 화면을 넘긴다.

[문자 메시지 화면]
할머니: *우리 예쁜 수진이, 네가 좋아하는 오이김치 담가놨어.*
우리 손녀, 많이 보고 싶구나. 시험 끝났으면 주말에 꼭 올 거지?

수진은 한동안 그 문자를 바라본다. 눈동자는 유리알처럼 반짝인다. 눈물이 금방이라도 떨어질 듯 맺혀 있지만, 손가락은 화면 위에서 망설이기만 한다. 문자에 담긴 사랑은 분명했지만 지금 수진에게는 너무 멀게만 느껴진다.

따뜻하지만 손에 닿지 않는 거리.

수진은 결국 아무 말도 남기지 않는다.

[FADE OUT]

[INT. 수진의 방 - 자정]

숨이 걸린다.

손이 떨리고, 목 끝에서 거칠고 쓰디쓴 오열이 치밀어 오른다.

그리고 단 한 순간-
엄마의 절규.
수빈의 울부짖음.
할머니의 기다림.
그 모든 장면이 스치듯 지나간다.

하지만 이내 흐릿해진다.

그들은 슬퍼하겠지만, 결국 살아갈 것이다.
세상은 그녀 없이도 계속 흐를 것이다.

휴대폰이 마지막으로 진동한다.
하지만 수진은 이미 등을 돌린 후다.

차가운 매트리스 위, 그녀는 조용히 몸을 누인다.
빗소리가 유리창을 두드리며, 세상의 모든 소리를 삼켜버린다.

약은 쓰다.
심장은 느려지고,
눈꺼풀이 무겁게 내려앉는다.

그리고-
아무것도 없다.

[FADE OUT]

[INT. 학교 복도 - 오전]

충격적인 소식이 전해진 지 며칠이 지났지만, 학교는 여전히 숨을 죽인 듯 고요한 침묵에 잠겨 있다. 늘 따뜻한 미소로 반을 환하게 밝혔던 수진은 이제 이곳에 없다. 그 소식은 가슴을 세게 후려치는 듯했고 모두의 숨을 턱 막히게 했다. 그렇게 잘 웃고, 공부도 잘하고, 늘 주변을 잘 챙기던 아이가… 아무 말 없이 사라졌다는 것이 쉽게 믿어지지 않는다.

수진의 책상은 교실 한켠에 고요히 남아 있다. 그 위에는 친구들이 남긴 손편지들과 신선한 꽃들이 정성스레 놓여 있다. 접힌 편지부터 찢긴 공책 조각에 급히 쓴 글귀까지. 몇몇 편지에는 눈물 자국이 고스란히 배어 있다. 말로 다 전하지 못한 마음들이 종이 위에 조용히 스며들어 있는 듯하다.

학생들은 그 책상 앞을 지날 때마다 자연스레 걸음을 늦춘다. 아무도 눈을 마주치지 않고, 무슨 말을 해야 할지 몰라 조용히 고개를 숙인 채 지나간다. 복도 곳곳에 퍼지는 낮은 속삭임 사이로 마음속 질문이 흘러나온다.

그렇게 활기차고 다정했던 친구였는데, 왜, 어쩌다가 그런 선택을 하게 된 거지?

그러나 겉으론 말하지 않았어도 모두가 어렴풋이 알고 있었다. 끊임없는 경쟁, 부모의 기대, 그리고 말하지 못한 외로움… 그 모든 것이 보이지 않는 무게가 되어 그녀를 짓눌렀고, 결국 그녀는 그 무게 아래에서 조용히 무너져 내렸다.

상담실에서는 WEE 클래스 팀이 바쁘게 움직인다.
상담교사들은 수진과 가까웠던 아이들 - 같은 수업을 듣던 친구들, 함께 하굣길을 걷던 친구들, 그리고 혹시라도 어떤 작은 신호를 알아챘을지도 모르는 아이들과 급히 상담 일정을 조율한다.
무엇이든, 단서 하나라도 찾기 위해. 너무 늦었지만, 더는 놓치지 않기 위해.

[FADE OUT]

[INT. 학교 상담실 - 오전]

고등학교 입학 때부터 수진과 항상 같은 반이었던 MINA는 상담실로 가장 먼저 불려 온 학생 중 한 명이다.
그녀는 상담 교사 앞 의자에 뻣뻣하게 앉아 무릎 위에 두 손을 꼭 쥐고 있다.

WEE 선생님이 부드러운 목소리로 이야기를 이어가지만, MINA의 귀에는 거의 들어오지 않는다.
스트레스와 슬픔에 대한 이야기, 감정을 건강하게 풀어내는 방법에 대한 설명…
MINA는 타이밍에 맞춰 고개를 끄덕이지만, 마음은 전혀 다른 곳에 머물러 있다.

왜 몰랐을까? 왜 아무도 눈치채지 못했을까?

죄책감이 머릿속 깊숙이 무겁게 내려앉아 쉽게 떨쳐지지 않는다.

MINA는 자꾸만 문 쪽을 바라본다.
가끔 수업에 늦게 들어오던 수진이 수줍은 미소를 띠며 문을 열고 들어올 것만 같다.
하지만 문은 끝내 열리지 않는다.

[FADE OUT]

[INT. 학교 복도 - 오후]

상담이 끝난 MINA는 조용히 복도로 나선다. 몇몇 학생들이 그녀를 지나치며 말없이 고개를 살짝 끄덕인다. 학교는 예전 같지 않고 어딘가 멈춰버린 듯한 무거운 공기만 감돈다.

MINA는 사물함 근처에서 JISOO를 발견한다. JISOO의 눈은 붉게 부어있고, 얼굴은 창백하다. 그녀의 손에는 접힌 편지 한 장이 쥐어져 있다. 수진을 위해 밤새 적은 편지였지만 아직 책상 위에 놓을 용기가 나지 않은 듯했다. 두 사람은 아무 말 없이 한동안 서 있다. 그들 사이에 흐르는 슬픔은 너무 깊고 커서 말로 표현하기가 힘들다.

MINA

"… 우리가 어떻게 몰랐을까? 수진이는 항상 웃고 있었던 것 같은데… 속으론 얼마나 힘들었을까…."

그 말은 허공에 걸려 대답 없이 흩어진다. 수진은 늘 MINA, JISOO와 함께 공부했고, 급식이 마음에 들지 않으면 매점으로 달려가기도 했으며, 쉬는 시간 중 짧은 순간들마저 항상 함께였다. 하지만 아무도 그녀의 삶이 서서히 꺼져가고 있었다는 사실을 알아차리지 못했다. 모두가 각자 버티는 데만 급급해 누군가 조용히 무너지는 건 보이지 않았다.

JISOO

(떨리는 목소리로)

"…잘 모르겠어, MINA야. 아마 우리 모두 자기 생각만 했던 걸지도 몰라.

경쟁하느라, 괜찮은 척하느라."

그들은 친구들과의, 자기 자신과의 끝없고 치열한 경주를 치르느라 수진의 단단한 미소 속에 숨은 균열을 눈치채지 못했다.

MINA
(속삭이듯)
"JISOO야, 우리 중에 몇 명이나 숨기고 있을까? 괜찮은 척하면서 무너지기 직전인 애들이 또 있겠지…."

JISOO의 눈에는 MINA가 너무나 잘 아는 공허함이 있다. 말로는 설명할 수 없는 깊은 슬픔과 죄책감. 아직 너무 어리고 가능성 많던 친구를 잃는 일. 그 어떤 말도 그 상실을 대신할 수 없다. 하지만 수진의 죽음을 곱씹을수록 MINA의 마음속엔 점점 더 선명해지는 진실이 있었다. 이건 단지 한 사람의 비극이 아니다. 끝없이 밀어붙이는 기대와 경쟁, 그 깊은 상처가 문제다. 이 압박은 단순히 성적이나 성공에만 국한된 게 아닌, 살아남기 위한 치열한 싸움이었다. 그리고 그 싸움은 너무도 잔인했다.

JISOO
(눈물을 삼키며)
"우린 다 완벽해지려고만 하는 것 같아, MINA야. 근데 우리가 진짜 원하는 건 그게 아니잖아. 그냥… 버티려고 스스로한테 거는 주문 같은 거잖아. 수진이는… 그냥 더는 버틸 수 없었던 거고."

MINA의 목이 멘다. 하지만 그 안에서 슬픔과 또 하나의 감정이 치밀어오른다. 분노.
사람의 가치를 성적, 대학, 사회적 위치로만 판단하는 사회 시스템에 대한 분노.
끊임없이 밀어붙이기만 하면서, 진짜 괜찮냐고 묻지 않는 어른들에 대한 분노.
그리고 친구의 이상 신호를 알아채지 못한 자신에 대한 분노.

MINA

"우린 다 연기하고 있어. 공부하고, 경쟁하고, 웃고… 무너져도 그냥 계속 가는 거야. 누구도 진짜 속마음은 잘 숨기지."

그녀는 깊게 숨을 들이쉬고 천천히 고개를 젓는다. 이제야 진실을 알 것 같다. 우리는 모두 같은 덫에 걸려 있었다는 진실을. 수진의 죽음은 우연도 예외도 아니었다. 이건 훨씬 더 크고 오래된 문제였다.
실패가 죽음보다 두려운 세상, 살아남는 것보다 포기가 더 쉬워 보이는 사회.

MINA (이어 말하며)
(결의에 찬 목소리로)

"이젠 그만하자, JISOO야. 점수 뒤에 숨어서 괜찮은 척하는 거. 그게 진짜 문제야. 우리 진짜 이야기하자. 성적이나 피곤하다는 말 말고, 불안한 마음, 외로움, 두려움… 그런 것들."

JISOO
(작고 떨리는 목소리지만 한편으론 안도감 섞인)

"나도… 나도 그런 생각은 많이 해봤어. 그 선택도. 가끔은 진짜… 너무 무거워. 이렇게 계속 살아가는 게 가능한 건가 싶어."

MINA

(단호하게)

"그럼 지금부터 시작하자, JISOO야. 말하자. 이 침묵과 압박, 마주하자. 이젠 바꿔야 해. 아무 일 없는 척하면서 살 순 없어. 또 누군가를 잃을 순 없어."

그들은 이 길이 쉽지 않음을 알지만 적어도 혼자가 아니다. 어딘가에서 마음 한구석이 조용히 깨진다. 그리고 그 작은 틈 사이로 변화가 스며든다. 이제는, 목소리를 낼 시간이다.

[FADE OUT]

내레이션

대한민국은 학업 성취를 무엇보다 중요하게 여기는 사회입니다. 안타깝게도 이러한 분위기 속에 십대 자살이 청소년 사망 원인 1위로 자리 잡았습니다. 한국자살예방센터에 따르면, 2020년 기준 대한민국의 자살률은 인구 10만 명당 24.6명으로, OECD 회원국 중 가장 높은 수치를 기록했습니다. 이는 OECD 평균인 11.8명보다 두 배 이상 높습니다. 특히 우려스러운 점은 청소년 자살률이 매우 높다는 사실입니다. 같은 해 15~19세 청소년의 자살률은 10만 명당 11.2명으로, 미국의 같은 연령대(4.2명)의 약 4배에 달합니다(OECD, 2020).

이처럼 높은 청소년 자살률의 주요 원인 중 하나는 과도한 학업 스트레스입니다. 한국의 교육 시스템은 대학수학능력시험 (수능)을 중심으로 학생들에게 극심한 경쟁과 부담을 안깁니다. '실패는 선택지가 아니다'라는 인식은 학생들로 하여금 자신의 가치와 존재 이유를 오직 성적에 의존하게 만듭니다. 이는 우울과 불안으로 이어지고, 삶에 대한 절망감으로 연결되기도 합니다.

여기에 가정의 기대가 더해지면 압박감은 더욱 커집니다. 많은 한국 가정은 높은 성취를 당연시하며, 자녀와의 열린 대화보다는 성과 중심의 훈육을 우선시합니다. 기대에 부응하지 못한다고 느끼는 학생들은 죄책감과 자괴감에 시달리고, 이로 인해 정서적 고립이 심화됩니다. 학교 내 따돌림과 사이버불링 역시 여전히 만연하여, 피해 학생들은 고립감과 수치심 속에서 자살 충동에 노출됩니다. 여기에 SNS 문화까지 더해져, 청소년들은 끊임없는 비교와 평가 속에서 낮은 자존감과 왜곡된 자아 이미지로 고통받습니다.

더 충격적인 사실은 자살한 청소년 중 상당수가 상위권 성적을 유지하던 학생이라는 점입니다. 최근 통계에 따르면 자살한 학생 중 약 18.7%는 상위권이었으며, 이들 대부분은 겉으로 보기엔 경제적으로나 가정적으로 문제가 없어 보이는 환경에서 자랐습니다. 그러나 그들의 고통은 보이지 않는 상처였습니다. 게다가 이들 중 단 15.7%만이 유서를 남겼습니다. 예고 없이 세상을 떠난 이들의 침묵은 그들이 얼마나 깊은 고통 속에서도 자신의 고충을 표현하지 못했는지를 보여줍니다. 간혹 남겨진 유서에는 미안함과 사랑의 말이 담겨 있으나, 선택의 이유를 명확히 밝힌 경우는 드뭅니다.

이러한 통계는 청소년 자살 문제가 단순한 개인의 정신건강 문제가 아닌, 한국 사회의 구조와 문화 전반에 뿌리내린 위기임을 보여줍니다. 극단적인 경쟁 환경, 감정을 나누기 어려운 문화, 정신건강에 대한 낙인은 젊은 세대를 점점 더 벼랑 끝으로 몰아세우고 있습니다. 침묵 속에서 쓰러져 간 아이들의 존재는 지금 우리 사회에 절실한 변화를 요구하는 메시지입니다.

자살 예방은 개별 사건에만 대응하는 것으로 충분하지 않습니다. 이 고통을 만들어내는 사회적 환경 자체를 바꾸는 것에서 출발해야 합니다. 학업 성취 못지 않게 정서적 안녕과 심리적 안정이 중요하다는 인식이 자리 잡아야 합니다. 감정을 안전하게 나눌 수 있는 공간 마련, 정신건강 서비스 확대, 지속 가능한 교육 환경 조성, 그리고 '성공'의 의미를 보다 다양하고 포괄적으로 재정의하는 작업이 필요합니다. 이러한 구조적 변화 없이는, 대한민국은 앞으로도 소중한 청소년의 생명을 반복되는 비극 속에서 잃게 될 것입니다. 그들의 침묵은, 이 사회가 반드시 들어야 할 절박한 요청입니다.

[EXT. 학교옥상 – 낮]

MINA에게 그다음 며칠은 안개처럼 흐릿하게 지나갔다.

슬픔과 충격 속에서 하루의 경계는 희미해졌고, 시간은 마치 한 줄로 길게 늘어진 듯 이어졌다. 모둣 것이 흐릿했고, 일상 속 현실은 손에 잡히지 않았다. 꿈인지 현실인지 모를 하루하루 속에서, 그녀는 자신조차 잃어가는 기분에 휩싸였다. 수진의 부재는 여전히 그녀의 마음을 짓눌렀다. 그 무게는 하루의 모든 순간을 무디게 만들었고, 아무 일도 없는 것 같은 교실의 공기마저 숨 막히게 했다.

수진이 가장 좋아하던 반찬이 점심으로 나온 어느 날, MINA는 옥상 가장자리에 섰다. 다리는 가늘게 떨렸고, 두 손은 꽉 쥐어져 있었다. 수평선 너머를 바라보며 눈을 감자, 바람이 그녀의 뺨을 스쳤다. 그 순간, 세상은 고요했다. 모든 소리가 잠잠해지고, 마치 세상이 멈춘 듯한 침묵 속에서 단 하나의 질문만이 마음속을 맴돌았다.

나는 왜 여기 있는 걸까?

수진의 죽음은 점점 더 많은 사람들에게 알려졌고, 학교 전체는 애도의 공기 속에 잠겨 있었다. 선생님들은 조심스럽게 위로의 말을 건넸지만, 그 말들은 그녀의 마음 깊숙이까지 닿지 못했다. MINA는 알고 있다. 이 슬픔은 말 몇 마디로 지워질 수 있는 것이 아니란 걸. 며칠, 몇 주가 지난다고 해서 사라질 감정도 아니라는 걸.

하지만 그 와중에도, 어렴풋이 올라오는 감정이 있었다. 이대로는 안 된다는 감각. 언제가 될지 몰라도, 무엇이든 이제는 바꾸어야 한다는 확신. 무엇보다도, 더는 괜찮은 척하며 살 수 없다는 진실.

끝도 없이 달리기만 하게 만든 경쟁은, 이미 너무 많은 것을 앗아갔다. 조용히 무너지다 사라져간 목소리들, 들리지 않았던 외침들. 이제는, 그 침묵을 깨야 할 때다. 그냥 버티는 것으로는 아무것도 바뀌지 않는다.

[FADE OUT]

[EXT. 학교 운동장 - 낮]

점심시간의 소란함에서 살짝 벗어난 운동장 한쪽. 바람에 나뭇잎이 사각이고, 그늘 아래 벤치에 MINA랑 JISOO가 나란히 앉아 있다. JISOO는 팔을 웅크리고 후드티 소매를 손등까지 끌어 내린 채, 멍하니 땅만 바라보고 있다.

JISOO
(작은 목소리로)
"MINA야, 나 어제 한숨도 못 잤어… 진짜 말해야 될 거 같아서. 너니까. 무섭거든."

MINA가 고개를 돌려 JISOO를 본다. 목소리에서 뭔가 심상치 않음을 느낀다.

JISOO (계속)
"나… 나도 그런 생각 해봤어. 진짜 여러 번. 그냥 다 끝내 버릴까 하고. 너무 힘들었어. 기대, 압박감, 아무리 해도 부족하단 느낌… 그냥 멈췄으면 좋겠다고. 그냥 사라지고 싶다고… 근데 말 못 했어. 아무도 이해 못 할 거 같았거든. 다들 조금만 참아라, 이 시기만 지나가면 편해진다고 하잖아. 말이 쉽지."

MINA
(놀라고 목소리 떨리며)
"JISOO야… 지금 무슨 소리 하는 거야? 왜 나한텐 말 안 했어? 나—."

JISOO
(말 끊으며, 씁쓸하게)

"내가 말을 했어도 네가 뭘 할 수 있었을까? 우리 다 힘든 거 티 안 내고 버티는 중이잖아. 아무도 누가 무너지는지 신경 안 써."

잠깐 정적이 흐른다. JISOO가 숨을 크게 내쉬고, 천천히 말을 잇는다.

JISOO (계속)
"밤에… 한강 둔치까지 걸어간 적 있어. 수없이. 추운 바람 속, 깜깜한 물만 멍하니 바라봤어. 내가 사라지면 누가 알아줄까 싶어서."

MINA 얼굴이 창백해지고, 눈가가 촉촉해진다.

JISOO (계속)
"네다섯 번쯤? 그곳에 서서 멈칫했어. 용기 내보려고 했는데, 매번 못 움직였어. 끝내는 게 무서운 건지, 이렇게 사는 게 더 무서운 건지… 나도 모르겠더라."

JISOO의 마지막 말에서 목소리가 살짝 갈라진다. MINA가 조심스럽게 그녀의 손을 꼭 잡는다.

MINA
(울먹이며)
"JISOO야… 진짜 믿기지 않아. 나 정말 아무것도 몰랐어… 미안해."

JISOO
(눈물을 억누르며)

"다들 나한테 실망할까 봐 겁났어. 성적만 잘 나오고 조용히 살아가면 인정 받고 뭔가 되는 줄 알았는데… 오히려 더 고립됐어. 이제까지 애들이 나 뒤에서 싫어했고, 소문 퍼트리면서 조용히 괴롭혔어. 내가 선생님이랑 무슨 일이 있었다는 이야기까지… 모의고사 답 훔쳤다는 말도 있었고. 단톡방에 초대돼선 욕만 먹고, 나가면 또 초대되고. 그 헛소리들을 눈으로 읽는 기분… 진짜 비참하고 백배는 더 아팠어."

그녀의 목소리는 억눌린 아픔에 떨린다.

JISOO (계속)
(고개를 떨구며)
"애써 웃고 괜찮은 척할수록 더 심해졌어. 교실 들어가면 다 속삭이고 쳐다보고. 선생님들은 그냥 내가 강한 애라면서 넘기고. 아무도 진짜 내가 어떻게 생각하는지, 어떤 상황인지 관심 없더라."

MINA
(눈물 고이며, 목소리 떨림)
"나 진짜 몰랐어… 그렇게 아팠는지… 내가 더 신경 써야 했는데…"

JISOO
(조용히, 눈엔 상처가 가득)
"계속 잘하면 괜찮아질 줄 알았거든. 근데 아니더라. 그리고… 수진이 죽었을 때, 난 그냥 슬펐던 게 아니라… 너무 이해됐어. 수진이 기분이 너무 이해됐어."

MINA

(진심 어린 목소리로)

"JISOO야, 우린 다 너를 친구로 생각해. 성적 때문도, 완벽해서도 아니야. 그냥… 네가 여기 함께 있어 주니까. 그걸로 충분해."

JISOO가 눈가를 닦는다.

JISOO

"약해 보이기 싫었어. 짐이 되고 싶지도 않았고. 그냥… 차라리 사라지면 편할까 생각했어."

MINA

(단호하게)

"그런 말 하지 마. 넌 짐이 아니야. 절대. 넌 소중해. 항상 네 아픔을 말해 줘야 해. 나, 너까지 잃고 싶지 않아."

바람이 두 사람 사이를 스친다. 둘 사이에 조용한 침묵이 흐른다.

JISOO

(속삭이듯 낮은 목소리로)

"온라인 커뮤니티 같은 데 가입해서 답을 찾으려고 해봤는데… 더 복잡해졌어. 사람들끼리 서로 상처 주고, 누가 진짜인지도 모르겠고… 다들 길 잃은 느낌이었어. 근데 정작 답은 없었어."

MINA

"JISOO야… 온라인에서 사람들이 하는 그런 식의 위로나 조언은 네 잘못이 아니야. 정말 역겹고, 완전히 잘못된 일이야."

(MINA는 JISOO의 손을 조심스럽게 감싸며, 따뜻한 눈빛으로 그녀를 바라본다.)

"그건 네 잘못이 아니야. 넌 절대 약한 사람이 아니야. 그냥… 그저 이해받고 싶었던 거잖아. 좀 더 일찍 말해 주지 못해서 미안해. 지금이라도 나한테 기대도 돼. 나 여기 있어. 이제 혼자 아파하지 마. 우리 같이 이 길을 헤쳐 나가자. 내가 꼭 함께할게."

(MINA의 목소리가 조용히 낮아진다. 말 한마디 한마디에 깊은 진심이 실려 있다.)

"어쩌면 우리가 필요한 건 구원이 아니라, 항상 곁에 있어 주는 사람이 아닐까. 난 네 곁에서 항상 보고 있을게."

JISOO
(긴 침묵 끝에)
"계속 이렇게 살아야 할지 모르겠어… 근데… 다시 그 다리로 가고 싶진 않아…."

MINA
(JISOO의 이마에 자기 이마를 살짝 댄다)
"우리 계속 이유를 찾고 있었잖아. 왜 살아야 하는지. 어쩌면 그게 학교고, 삶이고, 살아남는 이유 아닐까. 두렵지 않게 걸을 수 있는 공간을 만드는 거. 함께. 진짜로 우릴 봐주는 사람이랑."

JISOO

(작게 끄덕이며)

"고마워. … 진짜 약속해 줘. 옆에 있어 준다고."

MINA

"응. 언제든."

멀리서 종소리가 울리지만, 두 사람은 벤치에 그대로 남아 있다. 서로 맞잡은 손끝에서 전해지는 온기가, 이제 겨우 시작된 연대의 숨결이 된다. 예전엔 세상에서 숨고 싶을 때 찾아오던 자리였지만, 지금은 처음으로 서로를 진심으로 마주한 공간이 되었다. 자신들의 목소리를 처음으로 꺼내놓은 자리. 다시 시작할 수 있는, 아주 조용하고 부드러운 시작점.

JISOO는 복잡한 생각들을 잠시 밀어내려는 듯 눈을 감는다. 하지만 MINA의 말이 가슴 깊이 박힌다. 수진의 죽음은 사람이 얼마나 쉽게 무너질 수 있는지를 보여줬고, 아무리 주변에 사람이 많아도 외로울 수 있다는 걸 알려줬다. 그리고 지금… 이렇게 마음을 꺼내놓은 이 순간, JISOO는 자신이 얼마나 그 끝에 가까웠는지 처음으로 깨달았다.

[FADE OUT]

> **내레이션** 온라인 커뮤니티에서 다른 사람의 경험을 읽거나 익명으로 자신의 이야기를 공유하는 것은, 우울증을 겪고 있는 이들에게 위안이 될 수 있지만 동시에 위험을 동반합니다. 정서적 연결감과 감정의 공감, 비공식적인 지지망이 형성되며, '나만 그런 게 아니구나'라는 인식만으로도 큰 위로를 얻는 경우가 많습니다. 그러나 그 이면에는 심각한 위험 요소들이 존재합니다. 자극적인 콘텐츠에 무방비로 노출되거나 잘못된 정보가 무분별하게 퍼지기도 하며, 자기 파괴적 행동을 미화하거나 정당화하는 분위기는 오히려 고통을 심화시킬 수 있습니다. 또한, 온라인상의 인정과 위로에 의존하게 되면, 전문적인 치료를 받는 시기를 놓치거나 영영 외면할 수도 있습니다.

대한민국은 OECD 국가 중 자살률이 가장 높은 국가 중 하나로, 그 배경에는 학업 스트레스, 사회적 획일성, 정신건강에 대한 낙인이 자리하고 있습니다. 이로 인해 많은 청소년들이 익명 커뮤니티나 SNS를 통해 위로를 찾고자 합니다. 일부 공간은 진심 어린 공감과 연대를 제공하지만, 일부는 자해를 낭만화하거나 절망을 미화하고, 심지어 자살을 조장하기도 합니다. 안타깝게도 도움을 얻으려다 더 깊은 절망에 빠지는 경우도 적지 않습니다. 더욱 우려스러운 점은 이러한 취약한 사용자를 노리는 악의적 행위자의 존재입니다. 이들은 감정적으로 불안정한 이들을 조작하거나 괴롭히며, 때로는 이들을 이용해 사기까지 저지르기도 합니다. 온라인 플랫폼의 익명성과 방대한 규모는 이들을 가려내고 제재하는 데 큰 장벽이 됩니다. 유해 콘텐츠 규제 노력이 계속되고는 있지만, 여전히 일관된 관리와 실효성 회복에는 한계가 있습니다.

정신건강 문제와 함께, 학교폭력과 사이버불링은 청소년 삶을 위협하는 또 다른 심각한 사회 문제입니다. 피해자들은 두려움과 낙인, 그리고 학교의 미흡한 대응에 대한 불신으로 침묵하는 경우가 많습니다. 반면, 가해자들은 최소한의 처벌만 받거나 아예 책임을 지지 않는 경우도 적지 않습니다.

한국의 '학교폭력예방 및 대책에 관한 법률'은 학교가 폭력 사건을 조사하고 징계를 내려야 하며, 징계에는 전학이나 정학 등의 조치가 포함됩니다. 최근 서울대, 고려대, 연세대 등 주요 대학들이 학교폭력 가해 학생에 대한 입시 불이익 정책을 도입하려 하고 있으며, 2026학년도부터는 가해 이력이 입시에 반영될 예정입니다.

하지만 제도가 강화될수록, 가해 방식은 더욱 교묘하고 은밀해지고 있습니다. 예전 같은 물리적 폭력보다는 심리적 괴롭힘이나 사이버불링처럼 흔적이 남지 않는 방식이 주를 이룹니다. 자동 삭제 기능이 있는 메신저 앱을 통해 모욕적인 메시지를 전송하거나, 캡처 방지 기술을 이용해 증거를 남기지 않고 괴롭히는 방식이 늘어나고 있습니다. 이처럼 '보이지 않는 폭력'은 기술의 사각지대와 사회적 인식의 틈을 교묘히 파고듭니다. 심리적 괴롭힘이나 사이버불링은 물리적 폭력보다 덜 심각하게 여겨지는 경향이 있어, 가해자에게 실질적인 처벌이 이뤄지지 않는 경우도 많습니다. 게다가 징계 기록은 졸업 후 2년이 지나면 자동으로 삭제되기 때문에, 장기적인 책임 추적 역시 어려운 실정입니다. 법적으로는 '정보통신망법'에 따라 7년 이하의 징역형까지 가능하지만, 현실에서는 실효성 있는 처벌이 드물고, 많은 피해자들이 자신의 신고가 축소되거나 무시된다고 느끼며, 결국 고립된 채 고통을 감내합니다.

이러한 복합적인 문제들을 해결하기 위해서는 단편적인 대응이 아닌 다층적인 접근이 필요합니다. 온라인 규제를 강화하고, 디지털 안전 교육을 확대하며, 학교 차원의 정신건강 지원 체계를 확립해야 합니다. 소셜미디어 플랫폼은 보다 안전한 환경을 조성할 책임이 있으며, 정부는 피해자를 보호하는 강력한 법적 조치를 시행해야 합니다. 2019년 'n번방 사건' 이후 한국 사회가 보여준 단호한 대응은, 사회와 제도가 함께 움직일 때 실질적인 변화가 가능하다는 것을 보여주는 사례입니다. 궁극적으로 청소년들이 정서적으로 안전하고 지지받을 수 있는 환경을 만들기 위해서는 법과 제도뿐 아니라 공감과 개방성, 공동체적 돌봄에 대한 사회 인식의 전환이 필수적입니다.

[INT. MINA의 방 – 밤]

창밖엔 여전히 비가 내린다. 규칙적으로 떨어지는 빗방울 소리가 방 안의 적막과 섞이며, 묘한 정적을 만들어낸다.
MINA는 이불 속에서 몸을 깊숙이 웅크린 채 누워 있다. 마치 가슴을 짓누르는 무게처럼, 방 안은 어둠에 잠겨 있고 그 속에서 그녀는 조용히, 거의 들리지 않게 숨을 쉰다.

핸드폰 화면의 희미한 불빛이 MINA의 얼굴을 비춘다. 습관처럼 뉴스를 스크롤한다. 무심하게 내리던 손가락이 멈춘 건, 또 한 명의 젊은 유명 여배우가 스스로 생을 마감했다는 기사 앞이다. 가슴이 또다시 조여 온다. 더 이상 놀랍지도 않다. 익숙한 비극. 남는 건 점점 더 커지는 조용한 슬픔뿐. 너무 자주, 너무 익숙하게 반복되는 비극. 도망치고 싶어진다. 하지만 계속 쏟아지는 빗소리에 세상은 점점 더 멀게 느껴지고, 방 안의 고요함은 더 이상 위로가 되지 않는다.

며칠 전엔 수진이었다. 그리고 지금, 또 다른 이름, 또 다른 얼굴. 또 한 명의 사람과 너무 이른 이별을 했다. MINA는 천천히 눈을 감는다. 생각을 떨쳐내고 싶지만, 눅눅한 공기처럼 감정은 쉽게 지워지지 않는다. 모든 이야기가 하나로 섞여 흐릿해지고 그 끝엔 언제나 무력감만이 되풀이된다.

조용한 한숨과 함께 핸드폰을 옆으로 던진다. '툭' 소리와 함께 화면이 꺼지고, 방 안은 다시 어둠에 잠긴다. 그 순간, 슬픔도 함께 잠시 사라진 듯하다. 아주 잠시. 하지만 비는 계속 내리고, 고요함은 점점 더 무겁게 내려앉는다.

[FADE OUT]

내레이션

한국 사회에서 청소년 자살 문제에 대한 인식은 점차 높아지고 있지만, 정신건강에 대한 낙인은 여전히 가장 큰 장애물로 남아 있습니다. 많은 학생들이 자신을 불안정한 사람 혹은 능력이 부족한 존재로 보일까 두려워 도움을 요청하기를 주저합니다. 감정을 억누른 채 자신을 몰아붙이다 결국 한계에 다다르게 됩니다.

전국적인 조사에 따르면, 상당수 청소년들이 상담이나 치료를 피하는 이유는 자신의 평판에 대한 우려와 학업과 진로에 불이익을 받을 수 있다는 두려움 때문입니다. 설령 도움을 요청하더라도 부족한 정신건강 서비스와 치료 비용은 또 다른 장벽이 됩니다.

이 모든 불안의 배경에는 이른바 '베르테르 효과'라는 어두운 그림자가 존재합니다. 유명인의 자살이 대대적으로 보도되면 그 비극은 조용히 흔들리고 있던 또 다른 마음을 자극하게 됩니다. 언론이 예방이나 회복보다는 비극적인 죽음 자체에 초점을 맞춰 감정적으로 불안정한 청소년들은 모방 자살의 위험에 더욱 노출됩니다. 그러나 한국 사회는 아직도 정신건강 인프라의 부재와 조기 개입 미흡으로 인해 이러한 위험에 제대로 대응하지 못하고 있습니다.

청소년 자살 문제를 실질적으로 해결하기 위해서는 다음과 같은 다층적인 전략이 필요합니다.

1. 학업 스트레스 완화
- 교육 시스템 개혁: 한국의 교육 시스템은 세계적으로 높은 성취도를 자랑하지만, 동시에 과도한 경쟁과 시험 위주의 교육으로 학생들에게 심각한 압박을 가합니다. 특히 수능과 같은 고위험 시험은 극심한 불안을 유발합니다. 이를 완화하기 위해서는 시험 중심에서 벗어난 유연한 교육 체계를 도입하고, 학업 외의 다양한 성공의 정의와 진로 경로를 장려해야 합니다.
- 정신건강 교육 도입: 스트레스 관리, 감정 조절, 시간 관리, 이완 훈련 등을 포함한 정신건강 교육을 정규 교과과정에 포함해야 합니다. 이는 학생들이 스스로를 돌보는 힘을 기를 수 있게 합니다.

2. 가정 내 소통 개선
- 열린 대화 문화 조성: 청소년들이 정서적으로 힘들어하는 이유 중 하나는 부모와의 소통 단절입니다. 정기적이고 솔직한 대화를 장려하고, 가족 상담이나 부모 교육을 통해 공감과 경청의 태도를 확산시켜야 합니다.
- 부모 대상 지원: 부모가 자녀의 심리 상태를 민감하게 감지하고 적절히 대응할 수 있도록 부모를 위한 워크숍이나 상담 프로그램을 활성화해야 합니다.

3. 학교폭력 및 사이버불링 대응 강화

- 실효성 있는 반폭력 정책: 학교는 명확하고 실질적인 폭력 대응 매뉴얼을 갖추고, 피해자 보호와 가해자 책임을 중심에 두고 실천해야 합니다. 또래 멘토링 프로그램 등 정서적 지원 구조를 만들어야 합니다.
- 사이버불링 예방 교육: 학생과 학부모를 대상으로 한 사이버폭력의 심각성과 예방법에 대한 교육 캠페인이 필요합니다. 프라이버시 보호, 신고 절차 안내, 온라인 행동규범 등을 체계적으로 교육함으로써, 조기 예방이 가능해집니다.

4. 정신건강 대화의 일상화

- 정신건강 낙인 해소: 학교, 미디어, 지역사회에서 정신건강을 자연스럽게 이야기할 수 있는 문화를 만들어야 합니다. 공공 캠페인, 청소년 맞춤 콘텐츠, 관련 교육을 통해 정신건강에 대한 부정적인 인식을 줄이고, 학생들이 편안하게 도움을 요청할 수 있는 환경을 조성해야 합니다.
- 상담 인프라 확충: 모든 학교에는 전문 자격을 갖춘 정신건강 전문가를 배치하고, 개인 상담뿐 아니라 집단 워크숍도 병행해 학생들의 정서적 자립을 지원해야 합니다.

5. 회복탄력성과 삶의 의미 회복

- 학업 외 활동 장려: 학생들이 학업 외에도 즐겁고 의미 있는 활동을 찾을 수 있도록 유도해야 합니다. 예술, 체육, 자원봉사 등 다양한 경험은 자존감, 창의성, 정체성을 강화하는 데 큰 도움이 됩니다.
- 또래 멘토링 구축: 고학년이 저학년을 도와주는 또래 지원 체계는 공감, 소속감, 연대를 키우는 데 효과적입니다. 멘토에게는 리더십과 감정 지능을 키울 기회가 되고, 멘티에게는 혼자가 아니라는 안도감을 줄 수 있습니다.

6. 심리적 안전공간 조성

- 자기표현의 장 마련: 글쓰기, 음악, 미술 등 다양한 방식의 감정 표현 기회를 제공함으로써 내면의 감정을 건강하게 해소할 수 있는 환경을 만들어야 합니다.

- 위험 요소 관리: 정신건강과 직접 관련이 없더라도, 위험 물질이나 취약한 공간에 대한 접근을 제한하고, 학교가 안전하고 포용적인 환경이 되도록 지속적인 점검이 필요합니다.

7. 지원 체계 강화
- 24시간 위기 핫라인 운영: 언제든지 접근 가능한 청소년 전용 핫라인과 온라인 상담 서비스는 매우 중요한 역할을 합니다. 이들은 청소년 친화적이고 비밀이 보장되어야 하며, 전문 인력이 상시 대기해야 합니다.
- 지역사회 기반 프로그램 활성화: 학생, 교사, 학부모, 지역 리더가 함께하는 커뮤니티 중심의 정신건강 프로그램은 연대감과 공동 책임의식을 심어줍니다. 이를 통해 청소년 정신건강 문제를 사회 전체가 함께 해결해야 할 문제로 전환시킬 수 있습니다.

8. 정부 차원의 제도적 개입
- 정책 변화 및 국가 주도 캠페인: 정신건강에 대한 인식을 개선하고, 치료 및 예방 자원 접근성을 높이기 위한 국가 차원의 캠페인과 정책이 필요합니다. 위험 물질에 대한 접근 제한도 자살 예방에 중요한 역할을 합니다.
- 정신건강 재정 투자 확대: 학교 상담인력 확충, 지역 정신건강센터 설립, 24시간 핫라인 유지, 교사 대상 전문교육 등 다양한 분야에 구체적인 예산 지원을 통해 실질적인 변화를 이끌어야 합니다.

청소년 자살 문제는 단순히 개인의 고통으로만 치부되어서는 안 됩니다. 학업 중심의 사회구조, 정신건강에 대한 낙인, 열악한 상담 접근성 등 구조적 문제를 해결하지 않으면 근본적인 변화는 어렵습니다. 정부, 학교, 가정, 지역사회가 함께 책임을 나누고 실천하는 전 사회적 연대가 절실합니다. 단순히 '살아남는' 것을 넘어, 청소년들이 정서적·심리적으로 '살아갈 수 있는 힘'을 갖출 수 있는 사회를 만들어야 할 때입니다.

참고

- 한국자살예방센터 (KSPC). (2020). 자살 통계 및 예방 노력에 관한 연례 보고서. 한국자살예방센터 홈페이지에서 검색.
- OECD. (2020). OECD 국가 간 자살률: 2020 보고서. OECD 보건 통계. OECD 보건 웹사이트에서 검색.
- 최수현. (2018). 한국 청소년 자살의 사회·문화적 요인. 아시아 사회과학 연구지, 4(2), 50-62.
- 박진우, 이성은. (2021). 한국 청소년의 정신건강에 대한 학업 스트레스의 영향: 문헌 고찰. 한국청소년연구, 29(1), 123-140.
- 김민정, 박소연. (2019). 한국 교육 시스템 내 정신건강 위기 대응 방안. 국제 정신건강 저널, 48(3), 211-225.
- 김영주, 임수진. (2020). 사이버불링, 사회적 비교, 그리고 정신건강: 한국 청소년 대상 연구. 사이버심리학, 행동 및 사회적 네트워킹, 23(2), 124-131. doi: 10.1089/cyber.2019.0287
- 이은지, 황현우. (2020). 청소년 자살 예방을 위한 정신건강 지원 및 정책 개입. 아시아태평양 공중보건 저널, 32(2), 94-101.
- 최수현. (2020). '엔번방 사건'과 한국 디지털 환경에 주는 시사점. 사이버법과 윤리 한국저널.
- 김정훈. (2021). 소셜미디어가 청소년 정신건강에 미치는 영향: 한국 사례 중심으로. 청소년 정신건강 저널, 14(3), 125-134.
- 샤피로, L. (2019). 온라인 커뮤니티와 정신건강: 장단점. 사이콜로지 투데이.
- 유현진. (2020). 사이버범죄 대응법 강화: 온라인 착취에 맞선 한국의 노력. 대한민국 법학 리뷰, 58(4), 92-108

─✦ **여러분의 이야기**

QR 코드를 스캔하시면 이 장을 읽고 떠오른 생각을 기록하고 다른 사람들의 이야기도 읽어보실 수 있습니다. 접속 후 'CHAPTER 3 / 제3장' 이라고 적혀있는 영상을 눌러주세요.

1. 마음이 너무 벅차거나, 아무도 나를 제대로 바라봐주지 않는다고 느꼈던 순간이 있었나요? 스트레스나 번아웃에 대해 누군가에게 털어놓고 싶었지만, 말하지 못한 적은요?

2. 그때 솔직하게 이야기하는 게 어려웠던 이유는 무엇이었나요? 그런 시간을 어떻게 견뎌내셨나요? 혹은, 그때 누군가가 어떤 말이나 행동을 해주었으면 좋았겠다고 생각한 적이 있으신가요?

3. 정신건강이나 감정적인 고통에 대해 이야기한 연예인이나 유명인의 말에 공감했던 경험이 있으신가요?

4. 누군가의 극단적인 선택 소식을 처음 들었을 때, 어떤 감정이 들었나요? 그 소식이 유독 마음에 남았던 이유는 무엇이라고 생각하시나요?

제4장 :
"잊혀진 세대"

[INT. MINA의 방 – 저녁]

MINA는 무심코 유튜브를 스크롤하다가 한 영상에 시선이 멎는다. 별다른 생각 없이 클릭한 순간, 화면 속 장면이 그녀를 얼어붙게 만든다. 검은 방호복을 입은 젊은이들이 어둡고 비좁은 방 안으로 조심스럽게 들어선다. 공기는 썩은 듯 탁하고, 침묵은 묵직하게 내리깔려 있다. 벽에는 시간과 비극이 남긴 얼룩이 번져 있고, 바닥에는 구더기와 파리 떼, 그리고 말라붙은 체액의 자국. 이 모든 것이 누군가의 삶의 끝자락이었음을 잔인하게 말해 준다.

MINA는 그들이 장갑, 마스크, 고글, 부츠 등 보호 장비를 조용히 착용하는 모습을 바라본다. 숙련된 듯하지만 경건한 몸짓들. 마치 핵폭발 지역에 진입하는 사람들 같다.

영상은 '준우'라는 트라우마 클리너를 따라간다. 그는 또 하나의 방치된 아파트를 정리하러 들어간다. 움직임은 조용하고 정교하다. 박테리아, 썩은 냄새, 죽음의 흔적과 같은 생물학적 위험물질로부터 자신을 지키며 임무에 집중한다. 이들은 '기억 정리사' 혹은 '트라우마 클리너'라 불리며, 고독사(노인이나 사회적으로 고립된 사람들이 조용히 세상을 떠난) 현장을 정리한다. 죽음이 발견되기까지 몇 주, 때로는 몇 달이 걸리기도 한다. 이 일은 단순한 청소가 아니다. 잊힌 삶의 마지막 흔적을 마주하고, 그들에게 최소한의 존엄을 되찾아 주는 일이다.

MINA의 몸에 서늘한 한기가 스친다. 이런 직업이 있다는 사실도, 그 일을 평범한 청년들이 해낸다는 것도 상상조차 해본 적 없었다. 이게 정말 현실일까? 이렇게 발전한 대한민국에서 이런 일이 실제로 벌어지고 있는 걸까? 미래지향적인 이 사회가 누군가를 그렇게까지 외롭게 죽게 내버려둘 수 있을까? 그리고 왜 아무도 몰랐을까?

MINA는 문득 자신과 친구들을 떠올린다. 질식할 듯한 입시 경쟁, 끊임없이 '정상'을 강요하는 사회, 성공을 단 하나의 기준으로만 정의하는 곳. 하지만 지금 그녀가 목격한 절망은, 또 다른 종류의 것이었다.
닫힌 문 뒤, 소리 없이 무너져 내리는 삶들.
기대 속에 길을 잃은 청년들.
아무도 돌아보지 않은 채 사라지는 노인들.

서로 다른 외로움 속에 고립된 두 세대.

그 순간, MINA의 시야가 바뀐다. 마치 눈앞의 베일이 걷힌 듯. 이제야 보인다. 지하철에서 허리를 굽힌 노인들, 추운 인도에서 폐지를 줍는 어르신들, 쪽방촌과 반지하방의 희미하게 깜빡이는 조명. 예전엔 무심히 스쳐 지나갔던 풍경이 또렷한 얼굴로 다가온다. 그녀는 며칠 전 자신이 도왔던 할머니를 떠올린다. 굽은 등, 굳은살 박인 손, 잠시 머물렀던, 마치 무언가를 찾는 듯한 그 조용한 눈빛.

MINA는 영상 아래 달린 댓글들을 읽는다. 대부분은 충격과 지지를 표현하지만, 하나의 댓글이 유독 눈에 걸린다.

"저희 빌라에 사시던 할머니 한 분이 돌아가신 지 3주 만에 발견됐어요. 다음 월세가 밀릴 때까지 아무도 몰랐죠. 명절마다 떡을 나눠주시던 분인데, 부고에서 이름을 보고서야 처음으로 성함을 알게 됐어요."

이 짧지만 날것 그대로의 메시지는 또 한 번의 고독사를 이야기한다. 그는 이웃이었을 수도, 낯선 사람이었을 수도 있는 사람. 결국 아무도 몰랐던, 조용히 기억에서 잊힌 한 사람. 그 문장은 설명할 수 없는 방식으로 MINA의 마음을 찌른다. 이제 더는 외면할 수 없음을 깨닫는다. 이건 단지 남의 이야기가 아니다. 지금 그녀가 살아가는 도시에서, 조용히 무너지고 있는 수많은 삶의 이야기다. 그리고 이제 그녀는 그들이 보이기 시작했다. 그 사실 하나만으로, 세상은 완전히 다른 풍경이 되었다.

> **내레이션**
>
> 대한민국은 세계에서 가장 빠른 속도로 고령화가 진행되는 나라 중 하나로, 심각한 인구 구조 위기에 직면해 있습니다. 2025년이면 전체 인구의 약 20%, 즉 다섯 명 중 한 명이 65세 이상이 될 것으로 예상되며, 이 비율은 앞으로 수십 년간 더욱 가파르게 증가할 전망입니다. 문제는 많은 노인들이 심각한 빈곤과 사회적 고립, 방치 속에 살아가고 있다는 점입니다. 이들은 점차 사회의 관심에서 멀어져 가는 '잊힌 세대'가 되고 있습니다.
>
> 실제로 한국 노인의 40% 이상이 빈곤선 이하의 삶을 살고 있으며, 이는 OECD 국가 중 가장 높은 수치입니다. 이러한 경제적 어려움은 열악한 공적연금 제도, 부족한 개인 저축, 전통적인 가족 부양 구조의 붕괴 등이 복합적으로 작용한 결과입니다. 자녀 세대의 경제적 부담, 도시나 해외로의 이주로 인해 많은 노인들이 가족과 단절된 채 홀로 살아가고 있습니다. 그 결과, 외로움과 정신적 고통 속에 방치되는 경우가 많아지고 있으며, 아무도 모르게 세상을 떠나는 '무연고 사망'도 꾸준히 증가하고 있습니다. 이는 우리 사회가 안고 있는 구조적 문제를 고스란히 드러내는 상징적인 현상입니다.
>
> 급격한 고령 인구 증가는 취약한 사회 안전망과 부족한 지역사회 인프라 속에서 의료·복지 시스템에 전례 없는 부담을 안기고 있습니다. 이 조용한 비극은 더 이상 외면할 수 없습니다. 노인을 보호하고, 세대 간 단절을 회복하며 지속 가능한 돌봄 체계를 구축하기 위한 근본적인 사회 개혁이 절실한 시점입니다.

이 충격은 MINA의 마음 한가운데를 흔든다. 그녀는 점점 더 강한 갈망을 느낀다. 이해하고 싶고, 연결되고 싶고, 무엇이든 행동에 옮기고 싶다. 그러던 중, SNS에서 한 게시글을 발견한다. 청년들이 주도하는 소규모 행사가 이번 주말에 열린다는 소식. 장소는 오래된 아파트들 사이에 자리한 작은 커뮤니티 센터. 겉보기엔 낡고 조용한 건물. 하지만 그 안에서는 어쩐지 묘한 에너지, 살아 있는 숨결이 느껴진다.

[FADE OUT]

[INT. 커뮤니티 행사장 - 낮]

조심스레 들어간 행사장은 활기찬 대화와 설렘으로 가득하다. 서로 다른 학교에서 모인 학생들이 자리를 채우고 있다. 누군가는 바닥에 앉아 있고, 또 어떤 이들은 작은 모임을 이루어 손글씨 포스터와 노트를 나눈다. 이들은 저마다의 이야기를 품고 있다. 벼랑 끝에 몰린 학업 스트레스, 억눌린 가족의 기대, 그리고 쉽게 말할 수 없는 정서적 고갈. 하지만 이 공간만큼은 그런 아픔이 조용히 묻혀 있지 않아도 되는 공간이다. 불확실한 시대를 살아가는 청춘의 상처를 마주하고자 모인, 뜨겁고 진지한 젊은이들의 자리다.

벽을 따라 학생들이 만든 그림과 메시지가 빼곡히 걸려 있다.
'정신건강도 성적만큼 중요해'
'창의력은 회복의 힘'
'진짜 성공은 나를 잃지 않는 것'
굵고 힘 있는 글씨들이 눈길을 사로잡는다. 한쪽에는 세상을 떠난 친구들의 사진이 조심스레 놓여 있고, 그 옆에는 누군가의 손길을 기다리는 희망의 노트가 펼쳐져 있다. 구석에서는 학생들이 직접 고른 잔잔한 음악이 흘러나온다. 소리는 이들에게 위로이고, 회복의 통로다. 지금 이 순간, 이 청춘들은 시험 점수나 외부의 기준이 아닌 삶의 방향과 마음의 건강, 그리고 흔들림 없는 의지로 '성공'이라는 단어를 새롭게 써 내려가고 있다.

행사가 시작되자, 한 젊은 활동가가 조용히 앞으로 나선다. 그녀의 목소리는 단단하고, 눈빛은 확신으로 빛난다.

젊은 활동가
(숨을 고르며, 진심을 담아)
"우리는 '잊혀진 세대'가 아닙니다. 우리는 변화를 이끌 세대입니다. 너무 오랫동안 사회는 우리를 성적, 내신, 대학 입시로만 평가해 왔어요. 하지만 우리의 삶은요? 우리의 정신건강은요? 조용히 고통받는 학생들과 외롭게 살아가는 어르신들은요? 우리는 단지 살아남기 위해 존재하는 게 아닙니다. 우리는 이 모든 것에 맞서기 위해 여기에 있습니다. 우리는 '그 이상'을 위해 싸울 세대입니다."

그 말이 끝나자 MINA는 숨을 멈춘다. 그 한마디, 한마디가 마음속 어지러운 소음을 가르듯 파고든다. '최고'만을 향해 달려야 했던 압박, 끊임없는 비교, 자신을 증명하느라 지쳐버린 날들. 그런데 지금… 그녀는 처음으로,

자신이 이해받고 있다고 느낀다. 무게가 완전히 사라진 것은 아니지만, 적어도 더 이상 혼자가 아니라는 위안이 찾아온다.

젊은 활동가
(조금 더 절박하게)
"주위를 둘러보세요. 청소년 자살률은 계속해서 오르고 있습니다. 우리는 고통을 감추려고, 머릿속의 목소리를 무시하라고 배웠어요. 하지만 '성장은 고통이 당연하다'라는 말, 이제는 거부해도 됩니다. 비극적인 결말만이 유일한 해답이라는 믿음, 우리는 그것을 부정하기 위해 여기에 모였습니다. 우리는 더 나은 삶을 누릴 자격이 있습니다. 우리의 정신건강은 중요합니다. 우리의 삶은 소중합니다. 이제, 성공의 의미를 우리가 다시 써야 할 시간입니다."

그녀는 잠시 말을 멈춘다. 공간 전체가 조용해진다. 그 무게 있는 말들이 방 안 가득 퍼진다.

MINA는 그 침묵 속에서, 가슴 깊이 무언가가 울리는 걸 느낀다. 경쟁의 질식, 끊임없는 비교, 점수와 등수로만 정의되던 삶, 그리고 가끔씩 스쳐 갔던, 정의하기 어렵던 외로움. 그것은 누군가를 성장시키는 구조가 아닌 망가트리는 시스템이었던 것이다.

젊은 활동가
(더 강한 어조로)
"우리는 숫자가 아닙니다. 통계 위의 점이 아닙니다. 우리는 반드시 기억될 세대입니다. 정신건강을 위해 싸우고, 존엄을 위해 싸우고, 우리가 믿는 미래를 위해 싸울 것입니다. 진짜 성공이란 점수나 순위가 아니라 의미에서

나옵니다. 우리의 기쁨, 창의성, 삶을 향한 열정… 그것이 진짜 성공입니다."

MINA의 생각이 빠르게 휘몰아친다. 너무 오랫동안, 그녀와 같은 세대들은 기대의 그림자 속에 살아왔다. 노인들 또한 마찬가지였다. 두 세대 모두, 같은 시스템의 피해자였다. 하지만 지금 이 순간 – 이 자리가, 이 목소리가 – 그녀가 애타게 찾고 있던 출구처럼 느껴진다. 상상조차 못 했던 삶을 말해주는 새로운 언어처럼.

젊은 활동가
(한층 낮지만 단단한 목소리로)
"저도 희망을 놓았던 적이 있어요. 삶을 끝내려 했던 순간도 있었습니다. 기대에 못 미친다면, 존재 자체가 무의미하다고 믿었거든요. 하지만 그게 틀렸다는 걸 알게 됐어요. '의미'를 찾는 것이 저를 구했습니다. 그리고 지금, 저는 다른 이들이 자기만의 의미를 찾도록 돕고 싶어요. 더 늦기 전에요."

잠시 정적이 흐른다. 하지만 그 침묵은 공허하지 않다. 그녀의 고백 속엔 상처도 있었지만, 그보다 더 깊은 강인함이 있었다.

젊은 활동가
(마지막 말을 꾹 눌러 담아)
"여러분들도 한 번쯤은 들어 보셨을 겁니다. 평생 서울대 의대를 목표로 달려왔던 학생들이 결국 입학 후 자퇴하거나, 스스로 생을 마감했다는 이야기들. 그 대학은 그들의 꿈이 아니었어요. 부모의 꿈이었죠. 합격은 해방일 거라 믿었지만, 오히려 더 깊은 공허함만 남았어요. 성공 이외의 삶을 아무도 가르쳐주지 않았거든요. 그리고 성적이 사라진 순간, 자기 자신이 누구

인지 모르게 된 거예요."

MINA는 입술을 꾹 다문다. 알고 있다. 실제로 그런 아이들을 보았기에. 활동가는 천천히 숨을 들이쉬고 방 안을 바라본다.

젊은 활동가
(마무리하며)
"하지만, 우리는 혼자가 아닙니다. 우리는 무력하지 않아요. 지금 이 자리에 있다는 것 자체로, 당신은 누군가의 희망이 되어준 거예요. 그 마음을 잊지 마세요. 목소리를 내고, 손을 내밀고, 누군가의 삶의 이유가 되어주세요."

그녀는 조용히 뒤로 물러선다. 손은 살짝 떨리지만, 목소리는 끝까지 흔들리지 않는다.

정적.

그리고, 누군가 조심스럽게 손뼉을 친다. 이어서 또 한 사람. 점차 커지는 박수 소리가 방 안을 가득 메운다. 그 순간, MINA는 느낀다. 이건 시작이다. 그리고 자신도 그 변화의 일부가 될 수 있다는 것을.

[FADE OUT]

[INT. 커뮤니티 행사장 – 저녁]

행사가 끝나갈 무렵, 사람들이 하나둘씩 자리를 뜬다. 하지만 MINA는 아직 그 자리에 앉아 있다. 마음 깊은 곳이 뒤흔들려 쉽게 일어날 수 없다. 활동가는 조용히 자원봉사자들에게 감사 인사를 건네고, 학생들은 작은 무리로 모여 속삭이듯 이야기를 나누거나 눈물을 닦는다. 몇몇은 아직 바깥 세상으로 돌아갈 준비가 되지 않은 듯 그저 멍하니 앉아 있다. 공기엔 말로 다 하지 못한 감정이 감돈다. 슬픔, 그렇지만 동시에 아주 연약하게 피어오르는 희망.

MINA는 조심스레 자리에서 일어나, 한쪽 구석에서 물을 마시고 있는 활동가에게 다가간다.

MINA
"저기요… 아까 말씀하신 내용, 정말 감사했어요. 잊고 지냈던 제 안의 어떤 부분이 깨어나는 느낌이었어요."

젊은 활동가

(부드러운 미소를 지으며)
"그렇다면 제가 오늘 이 자리에 있길 잘했네요. 이제 혼자가 아니에요. 우리 모두, 사실은 그렇지 않아요."

MINA
"그 말이 꼭 필요했던 것 같아요."

젊은 활동가
"그렇다면 아마 다른 누군가도 그 말을 필요로 할 거예요. 말하는 걸 두려워하지 마세요. 단 한 문장만으로도 누군가에게는 버틸 이유가 될 수 있으니까요. 우리 이야기가 누군가에게 희망이 될 수 있어요."

그녀는 주머니에서 접힌 작은 쪽지를 꺼내 MINA에게 건넨다.

젊은 활동가 (계속)
"이 문장이 제가 시작할 용기를 냈을 때 큰 힘이 됐어요."

MINA는 조심스레 쪽지를 펼쳐 본다. 정성스럽게 적힌 문구가 보인다.

우리가 말할 때, 우리는 치유를 시작한다. 우리가 들을 때, 우리는 연결되기 시작한다.

MINA는 고개를 들어 활동가의 눈을 마주한다. 말없이 서로를 이해하는 눈빛이 오간다.

젊은 활동가 (계속)

"모든 걸 직접 해결할 필요는 없어요. 그저 진실을 말하세요. 나만의 방식으로. 그걸로 충분해요."

MINA는 조용히 고개를 끄덕이며, 쪽지를 꼭 쥔다.

[FADE OUT]

[INT. MINA의 방 – 늦은 밤]

그날 밤. MINA는 책상 앞에 조용히 앉는다. 노트북 옆에 놓인 쪽지를 바라보며 천천히 숨을 들이쉰다. 연설에서 들은 말들, 마음속에 남은 울림, 그리고 세상에서 조용히 지워진 청년들과 노인들의 얼굴이 머릿속을 스친다.

그녀는 쉽게 잠들지 못하고 노트북을 켠다. 잠시 머뭇거리다가, 블로그 페이지를 연다.

제목을 적는다.

우리는 숫자가 아니다

그리고 다시 깊은숨을 내쉬고, 천천히 글을 쓰기 시작한다.

제목: 우리는 숫자가 아니다

블로그를 시작하게 될 줄은 몰랐다. 무슨 말을 해야 할지도, 어디서부터 시작해야 할지도 아직 잘 모르겠다. 하지만 오늘 밤, 무언가가 달라졌다. 그래서 이렇게, 글로 정리되지 않은 생각을 남겨본다.

우리는 등수와 점수로만 존재를 증명해야 하는 세상에 살고 있다. 이름 옆 숫자가 곧 사람의 가치가 되어버린 시대. 모두가 정상만을 향해 달려가지만, 그 사이 어디쯤에선 누군가 조용히 사라지고 있다. 친구들, 동급생들, 그리고 노인들까지… 어떤 이는 스스로 삶을 놓고, 어떤 이는 그저 잊혀진다.

이 블로그는 정답을 찾기 위한 공간이 아니다. 진실을 말하고 싶은 공간이다. 쉬지 않고 자라야 했던 감정, 끊임없는 비교 속에서 자신을 잃어버렸던 날들. 숨 쉴 틈 없이 자라나는 게 어떤 기분인지, 비교와 압박 속에서 자신을 잃어가는 느낌이 어떤 건지 이야기하고 싶다. 그리고 지하 단칸방에서 홀로 생을 마감한 어르신들에 대한, 우리가 외면했던 진실들도…

우리는 더 이상 혼자가 아니다. 모두가 괜찮은 척 당연한 척만 하지 않는다면, 함께 회복할 수 있다. 만약 이 글을 읽는 당신이 단 한 번이라도 그런 기분을 느낀 적이 있다면, 부디 이 말을 기억해 주길 바란다.

나는 숫자가 아니다.
나는 혼자가 아니다.
그리고 나의 이야기는 의미가 있다.

이제, 함께 그 이야기를 시작해 보자.

— M

MINA는 눈이 시릴 때까지 타이핑을 이어간다. 그리고 조용히 손을 멈춘다. 잠시 숨을 고르곤, '발행' 버튼을 누른다. 화려한 장식도, 기대도 없이. 글로 생각을 적으니 막혀 있던 마음이 조금은 후련해지는 느낌이다.

노트북을 덮고, 천천히 이불 속으로 몸을 누인다. 오랜만에 편안하게 잠에 든다.

[FADE OUT]

[INT. MINA의 방 – 아침]

커튼 사이로 부드러운 햇살이 스며든다. MINA는 천천히 눈을 뜨고 몸을 일으킨다. 학교에 가기 전, 습관처럼 노트북을 켠다.
그리고 눈을 깜빡인다.

알림. 댓글. 공유 수.

블로그 글은 이미 200회 이상 조회되었다. 그중, 한 댓글이 눈에 들어온다:

> anoncleaner_93
> : "저는 고독사 현장을 청소하는 일을 합니다. 블로그에 올리신 글, 정말 감사합니다. 모든 삶이 잊히지 않고, 죽음 이후에도 존엄하게 기억되는 사회가 되었으면 좋겠습니다."

MINA는 몸을 뒤로 젖힌다. 단지 조용한 해방을 원했던 글이, 누군가에게 닿았다. 그리고, 응답이 왔다. 그녀는 그 댓글을 몇 번이고 다시 읽는다. 이건 더 이상 혼잣말이 아니다.

그날 이후, MINA는 계속해서 글을 쓴다. 점심시간, 지하철 안, 밤이 깊은 시간… 복잡한 생각이 머릿속을 떠나지 않을 때마다. 블로그는 점점 그녀의 숨 쉴 공간이 되어간다. 억눌린 감정, 완벽해야 한다는 압박, 스스로를 잃어버렸던 기억들을 내려놓는 곳. 한 편 한 편의 글은, 그녀 안의 무엇인가를 조금씩 풀어낸다.

그리고 어느새, 그녀의 블로그는 정신건강과 청년 세대의 고통을 나누는 플랫폼으로 자라난다. MINA는 자신이 겪은 것들을 솔직히 써 내려간다. 소진, 끊임없는 비교, 점수에 갇혀 있던 날들. 그 진실함은 누군가의 마음에 닿는다. 블로그는 곧 치유를 나누는 플랫폼이 된다. 전국의 학생들이 자신의 이야기를 보내온다:

"저만 그런 줄 알았어요."
"M씨 글 덕분에 이번 주를 버틴 것 같아요. 이해해 주는 사람이 있으니 좋네요."

MINA는 천천히, 그러나 확실하게 회복되기 시작한다. 완벽하지 않아도 괜찮다는 걸, 살아갈 수 있을 만큼은 나아졌다는 걸 느낀다. 그리고 그녀의 글은 또 다른 누군가를 살려낸다. 그렇게, 서로를 지탱하는 공동체가 만들어진다.

[FADE OUT]

[INT. MINA의 방 – 낮]

어느 날, 그녀의 글 중 하나가 유독 빠르게 퍼진다. 청년 고립과 고독사, 우리 사회가 침묵해 온 주제에 관한 글이다. 그녀는 유튜브에서 처음 보았던 트라우마 클리너의 이야기를 언급하며, 150만 명이 넘는 독거노인들의 현실을 이야기한다. 외로움, 빈곤, 그리고 너무 자주 반복되는 극단적 선택에 대하여. 그리고 연결한다. 학업에 짓눌린 청년들과, 사회에서 지워진 노인들을.

그녀의 메시지는 분명하다.
두 세대 모두 침묵 속에서 무너지고 있다.
둘 다 고통받고 있고, 둘 다 잊혔다.
하지만 어쩌면, 서로를 구할 수 있다.

MINA는 블로그의 범위를 확장한다. 노인들의 삶을 다룬 이야기, 통계, 실천을 위한 제안들. 유튜브에서 본 고독사 현장의 기록, 직접 찾은 인터뷰, 세대 간 연결의 필요성. 또래들에게는 봉사 활동을 권유하고, 어르신들의 목소리에 귀를 기울이자고 외친다.

그리고 그 움직임은 점차 현실의 변화를 이끌어낸다. 학생들이 요양원을 찾아가고, 편지를 쓰기 시작하며, 정신건강 정책에 대한 논의가 촉진된다. 성적만으로 자신을 정의하던 청년들이, 더 깊은 무언가를 발견하기 시작한다. '성공'이라는 말이 조금씩 재정의되기 시작한다.

진짜 성공이란, 나만 잘되는 것이 아니라,
모두가 존중받고 존재감을 느끼는 사회를 만드는 것.

MINA
(힘 있고 결심에 찬 목소리로)
"우리는 잊힌 세대가 아닙니다. 우리는 '성공'의 기준을 바꾸는 세대입니다. 그리고 그렇게 하면서, 우리 세대와 어르신들까지 우리 사회 전체에 희망과 변화를 퍼뜨릴 수 있어요."

MINA의 플랫폼은 점점 더 많은 사람들의 이야기를 품는다. 같은 꿈을 꾸는 이들과 함께, 더 따뜻하고 연결된 세상을 향해 나아간다.

그리고 MINA는 안다.
비록 이 여정은 이제 막 시작되었지만,
서로를 향해 손을 내민 그 순간부터, 그들은 이미 미래를 다시 쓰고 있었다.

> **내레이션**
>
> 전 세계 수많은 나라들과 마찬가지로, 대한민국의 고령 인구도 개인적이면서 자주 외면되는 문제들에 직면해 있습니다. 이 세대는 전쟁과 경제적 빈곤 속에서 자녀를 키우고, 나라의 성장과 안정을 위해 수십 년간 묵묵히 헌신해 온 분들입니다. 그러나 이제 노년에 접어든 많은 분들이 무릎과 허리 통증, 시력 저하, 암과 같은 육체적 질병에 시달리고 있습니다. 세월이 흐르면서 기쁨과 슬픔이 담긴 기억은 희미해지고, 삶의 의미를 다시 묻는 시기를 맞이하고 있습니다.
>
> 이분들은 한때 가족 전체의 삶을 어깨에 짊어지셨던 분들입니다. 이른 새벽부터 밤늦게까지 일하며, 다음 세대를 위한 더 나은 미래를 만들기 위해 힘쓰셨죠. 하지만 지금은 그저 하루를 시작하고, 지하철을 타고, 특별한 목적 없이 시간을 보내는 분들이 많습니다. 남은 것은 반복되는 익숙한 일상과, 열심히 살아온 삶에 대한 조용한 체념, 그리고 앞날에 대한 막연한 불확실함일지도 모릅니다. 그렇게 많은 분들이 외로움 속에, 잊힌 채, 침묵 속에 머무르고 있습니다.
>
> 그렇다면 세대 간 간극은 어떻게 좁힐 수 있을까요? 어르신들이 다시 삶의 목적을 되찾고, 지금 이 순간 속에서 기쁨을 다시 발견할 수 있도록 우리는 무엇을 할 수 있을까요? 이러한 고통은 결코 한국만의 이야기가 아닙니다. 세계 곳곳에서 수많은 사람들이 가족을 위해 자신의 꿈을 내려놓고, 경제적 압박을 견디며 살아왔습니다. 그리고 결국 남는 것은 아픈 몸과 줄어든 소득, 그리고 다시는 되돌릴 수 없는 시간뿐입니다.

그럼에도 누구든 어떤 나이에 있든 의미 있는 삶을 누릴 자격이 있습니다. 삶의 모든 순간은 목적을 가질 수 있어야 하며, 누구나 후회 없는 인생을 살 권리가 있습니다. 그 의미는 '연결'에서 다시 시작됩니다. 가족과의 관계를 회복하고, 친구와 삶의 이야기를 나누며, 자신의 지혜를 다음 세대에 전할 때 우리는 비로소 '존재함'을 느낄 수 있습니다. 이러한 교류의 순간들이 새로운 삶의 목적을 피워내고, 살아온 시간에 대한 자부심과 평안을 안겨줍니다.

이러한 의미는 관계뿐 아니라 자원봉사, 창작 활동, 또는 개인의 성장을 위한 영적 실천 속에서도 찾아낼 수 있습니다. 무언가를 만들고, 누군가를 돕고, 일상 속 작은 기쁨을 발견하는 그 자체로 삶은 계속됩니다. 나이는 결코 늦음을 뜻하지 않습니다. 지금 이 순간을 살아가며 행복을 추구하는 데 늦은 때란 없습니다.

결국 노년이 우리에게 전하는 가장 깊은 가르침은 이것입니다.

삶의 목적은 더 이상 '생산성'이 아니라 '존재' 그 자체임을 깨닫는 것. 지나온 날들을 되돌아보고 그 열매를 음미하며, 후회 없이 쉬고, 단지 '살아왔다'가 아니라 '지금 이 순간을 살아가고 있다'는 것을 온전히 느끼는 것. 그것이 바로 노년의 진정한 의미일 것입니다.

참고

- 통계청. (2020). 2020 고령자 통계. 출처: https://www.kostat.go.kr
- 한국보건사회연구원. (2020). 한국의 노인빈곤: 과제와 정책 제언. 출처: https://www.kihasa.re.kr
- OECD. (2020). 한눈에 보는 연금 2020: OECD 및 G20 지표. OECD 출판.
- 통계청. (2020). 한국의 독거노인 현황: 추이와 통찰.

✨ 여러분의 이야기

QR 코드를 스캔하시면 이 장을 읽고 떠오른 생각을 기록하고 다른 사람들의 이야기도 읽어보실 수 있습니다. 접속 후 'CHAPTER 4 / 제4장'이라고 적혀있는 영상을 눌러주세요.

1. 미나는 자신의 아픔을 있는 그대로 털어놓으며 블로그를 시작했습니다. 여러분도 오랫동안 혼자 품고 있던 이야기를 나눌 수 있는 공간이 있다면, 무엇을 말하고 싶으신가요? 그리고 그 이야기는 누구에게 가장 전해졌으면 하나요?

2. 외로움 속에 방치되거나 주목받지 못한 어르신과 시간을 함께 보낸 적이 있으신가요? 그 만남을 통해 어떤 감정이나 깨달음을 얻으셨나요?

제5장 :
사회와 공동체의 역할

내레이션 한국 사회는 교육을 통해 개인의 미래뿐 아니라 국가의 정체성과 위상을 형성해 왔습니다. 가정, 학교, 지역사회는 모두 높은 학업 성취를 안정과 성공의 관문으로 여겨왔고, 이는 곧 사회적 기대와 압박으로 작용해 왔습니다. 하지만 이러한 기대는 청소년들에게 극심한 스트레스와 불안, 탈진을 유발하기도 하며, 정신건강 문제를 야기해 왔습니다. 그럼에도 이 같은 고통을 솔직하게 드러내는 일은 여전히 쉽지 않습니다. 정신건강에 대한 낙인은 이러한 대화를 더욱 어렵게 만듭니다.

인식 개선 캠페인과 상담 프로그램이 점차 늘고는 있지만, 변화의 속도는 더디고 문화적 저항도 여전히 뿌리 깊습니다. 기성세대는 경제적 책임과 가족의 명예를 가장 중요한 가치로 여기며, 자녀 교육을 위해 기꺼이 희생을 감수해 왔습니다. 이러한 교육 중심의 가치관은 오늘날 한국의 저출산 현상에도 영향을 미치고 있습니다. 과도한 교육비와 경쟁에 대한 부담은 많은 가정이 자녀 수를 줄이거나 출산 자체를 꺼리게 만드는 주 요인입니다.

하지만 이제 젊은 세대는 조금씩 다르게 생각하기 시작했습니다. 획일화된 학업 경로에 의문을 제기하며, 대안적인 진로와 삶의 균형을 추구합니다. 창의성과 비판적 사고를 장려하는 교육 개혁이 시도되고 있지만, 여전히 시험과 등수 중심의 경쟁 문화가 교육의 중심을 차지하고 있습니다. 일부 가정은 국제학교나 직업교육 등 새로운 교육 모델을 고민하기 시작했고, 사회 전반에서도 변화의 조짐이 서서히 나타나고 있습니다.

그러나 변화의 속도는 여전히 느립니다. 학업과 성공에 대한 기존의 인식은 여전히 교육 제도와 공동체 문화 속 깊이 자리하고 있으며, 이는 청소년들의 삶과 정신건강에 중대한 영향을 미치고 있습니다. 이제는 삶의 다양성, 개인의 행복, 정신적 안녕 등 학업 그 이상의 가치에 대해 진지하게 고민할 때입니다.

MINA가 시작한 움직임은 점차 구체적인 형태를 갖추기 시작한다. 조용하고 사적인 시도로 시작되었던 일이 이제는 강력한 변화의 물결로 퍼져 나간다. 처음엔 혼자만의 기록에 불과했지만, 이내 거대한 변화의 물결로 번져 나간다. 자신의 마음을 풀어놓던 블로그는 어느새, 보이지 않는 존재로 살아가는 청소년들의 목소리가 모이는 공간이 되었다. 점수와 입시에 짓눌려 숨죽이며 살아가던 학생들이 이제는 감정과 정신건강에 대해 스스로 말하기 시작한 것이다.

처음에는 학생들의 고통에 무관심하던 학교들도 점차 변화의 바람을 느낀다. 정신건강 문제를 그저 사춘기나 개인의 나약함으로 치부하던 교사들은 이제 워크숍에 참석하고, 학생들의 이야기에 귀 기울이며 감정의 중요성을 배우기 시작한다. 오랫동안 무너뜨릴 수 없던 벽들이 서서히 갈라지고, 마침내 무너진다. 청소년들의 목소리가 단지 들리는 것에서 진심으로 받아들여지기 시작한 것이다.

MINA의 움직임은 결국 현실의 변화를 이끌어냈다. 학교마다 정신건강 프로그램이 도입되고, 학생들은 처음으로 자신을 솔직하게 표현할 수 있는 '안전한 공간'을 갖게 된다. 눈치 보지 않고, 평가받지 않고, 있는 그대로 이야기할 수 있는 곳. 청소년 센터도 생겨난다. 외로운 아이들이 모여 서로의 이야기를 듣고, 함께 울고 웃으며 다시 살아갈 힘을 얻는 공간. 그곳엔 전문가들이 있지만, 진짜 힘이 되는 건 친구의 눈빛, 말 없는 위로, '너도 그렇구나' 하는 공감이다.

이것은 단순한 변화가 아닌 문화적 전환점이다. 사회는 청소년들의 고통을 더 이상 '예민함'이나 '문제행동'으로 보지 않는다. 그들의 고통은 존중받아야 할 현실이 되고, 그들의 목소리는 외면당하는 것이 아니라 증폭된다. 이제 아이들은 '유난스러운' 존재가 아니라, '존중받아야 할' 존재로 다시 그려진다.

MINA에게 이 변화는 기적처럼 느껴진다. 어깨를 움츠리던 학생들이 조금씩 고개를 들고 떨리는 목소리로 자기 이야기를 꺼낸다. 외로움과 절망을 이야기하지만, 그 안엔 희망도 있다. 포기 대신 회복, 침묵 대신 연대. 이제 아이들은 기준에 맞추기 위해 존재하지 않는다. 스스로의 방식으로 '살아간다'는 것의 의미를 다시 쓴다.

변화는 학교나 센터에만 머물지 않는다. MINA는 가족 안에서도 예상치 못한 변화를 마주한다.

어느 날 저녁, 부모를 위한 커뮤니티 워크숍에 다녀온 어머니가 이전과는 다른 눈빛으로 집에 돌아온다. 이해와 깨달음이 담긴 눈빛이었다. 어머니는 조심스럽게 다가와, 부드럽고 사려 깊은 표정으로 MINA를 바라본다. 거기엔 조용한 미안함이 스며 있다. 그리하여 MINA는 처음으로, 익숙한 기대나 판단 대신 '인정'이라는 진심을 듣는다. 그동안 짊어져야 했던 무게를 어머니도 비로소 보았던 순간이다.

[INT. 거실 – 저녁]

조용하고 어두운 거실. MINA는 소파에 웅크린 채 앉아 있다. 엄마가 들어와 잠시 머뭇거리다 조심스레 그녀 옆에 앉는다.

MINA 엄마

(한참 침묵한 후, 조용히)

"MINA야… 엄마는 네가 그렇게까지 힘들 줄 몰랐어. 나는 그저 네가 잘되길 바랐고, 그래서 성적에 집착했어. 하지만 그게 너를 더 힘들게 했다는 걸 이제야 알았어. 미안해."

MINA

(엄마의 낯선 고백에 놀라며, 고개를 돌려 엄마를 본다)

"엄마… 갑자기 왜 그러세요?"

MINA 엄마

(떨리는 목소리로)

"내가 네 나이였을 때는 무조건 성공해야만 살아남는다고 배웠어. 좋은 대학에 가는 게 '옳은 길'이라고 모두가 말했지. 그건 가족의 자랑이고, 안정이고, 존중받는 길이었거든. 그래서 나도 성공이 곧 사랑이라고 착각했나

봐. 너를 키우면서… 우리는 널 지키고 있다고 생각했어. 행복해질 도구들을 주고 있다고 믿었지."

(잠시 멈추고, 눈가가 촉촉해진다)

MINA 엄마 (계속)

"그런데 그 과정에서 우리 딸의 마음을 못 봤어. 네가 정말 괜찮은지 묻는 걸 잊고 살았네. 그저 나한테 주어진 길만 따라가느라… 내가 짊어졌던 무게를 너에게도 지운 거 같아."

MINA

(눈물을 참으며, 작게)

"그냥… 엄마가 저를 자랑스러워했으면 했어요. 근데 아무리 노력해도… 항상 부족한 느낌이었어요."

엄마는 눈을 감고, 죄책감에 조용히 고개를 숙인다. 그녀의 목소리는 후회로 갈라진다.

MINA 엄마

"엄마가 우리 딸의 가치를 성취에만 연관시켰지. 그건 잘못된 거였는데…. 넌 그 자체로 소중한 아이야. 성적이나 결과가 전부가 아니야. 이제야 그걸 알았어. 정말 미안해."

MINA

(눈물을 훔치며, 미소 짓고 속삭이듯)

"괜찮아요, 엄마. 엄마도 완벽하지 않아도 돼요. 그냥… 저를 봐주면 돼요."

MINA 엄마
(MINA의 손을 꼭 잡고, 조용히)
"이제는 보여. 우리 MINA가… 그냥 있는 그대로의 너를. 엄마가 곁에 있어 줄게."

[FADE OUT]

[INT. MINA의 방 – 저녁]

MINA는 조용히 방으로 들어와 문을 닫는다. 침대에 앉아 어둠 속에서 잠시 멍하니 앉아 있다. 그녀는 어머니의 눈빛을 떠올린다. 언제나 날카로웠던 그 눈빛이 부드러워졌던 순간, 살아 숨 쉬는 것만으로도 사랑받을 수 있었던 때를 기억한다. 그리고 오늘 밤 보았던 엄마의 눈빛은 꿈이 아니었다.

천천히, MINA는 노트북을 켠다. 화면의 불빛이 어두운 방을 밝힌다. 그녀는 해야 할 말을 알고 있다.

제목: 보이는 것

오늘 밤, 내가 결코 일어나지 않을 거라고 생각했던 일이 일어났다.
내가 기억하는 한, 내 삶은 항상 체크리스트 같았다. 성적. 상장. 대회. 학원.
모든 성취는 '충분하다'는 증표처럼 느껴졌다. 그리고 그만큼 내 가치는 내가 완벽하게 통제할 수 없는 숫자들로 측정되는 것 같았다.

하지만 오늘 밤, 엄마는 내 곁에 앉아 시험 점수나 내가 앞으로 더 잘할 수 있는 것들에 대해 묻지 않았다. 엄마의 눈에는 다른 표정이 있었다. 내가 평생 기다려온 그 표정, 그건 내가 어렸을 때 기억하는 눈빛이었다. 자전거를 타다 무릎이 까져서 엄마에게 안겼을 때 보았던 표정, 브로콜리와 버섯을 먹었을 때 칭찬하던 표정, 내가 건강하고 행복하게 자라기만을 바랐을 때의 표정. 그것은 내가 밤마다 울며 잠이 들었을 때 꿈속에서만 본 눈빛이었다. 오늘 저녁 엄마의 그 눈빛은 내가 존재하는 것만으로도 사랑받았던 그 순간을 닮아 있었다.
그 눈빛이, 다시 현실이 되었다.

엄마는 오늘 나에게 미안하다고 말했다. 단순한 사과가 아니었다. 내가 짊어져 온 무게를 보지 못한 것에 대한 진심이었다. 엄마는 내 A-나 성적표에 집중하지 않았다. 대신 엄마는 나… 내 행복과 마음의 상처를 바라보았다.

그리고 단순한 말보다 엄마의 그 손길은 더 큰 의미가 있었다. 엄마는 내 손을 조용히 잡았다. 놓쳤던 모든 순간을 되돌릴 수 있을까 두려운 듯, 내 손을 더욱 부드럽게 잡았다. 그 작고 조용한 순간이 나에겐 전부였다.

오늘 밤, 나는 깨달았다. 치유는 항상 크고 드라마틱하게 일어나지 않는다. 때로는 조용한 사과, 손을 잡는 따스한 손길, 그리고 한마디 문장으로도 시작된다.

때로는, 그것만으로도 나는 모든 걸 다시 시작할 수 있을 것 같은 기분이 든다.

– M

[FADE OUT]

[INT. 거실 – 저녁]

MINA의 아빠도 조금씩 변해가고 있다. 아빠는 이제 '마음의 안녕'이라는 것 자체를 향한 이해와 공감을 시작한 것 같다. 아빠는 늘 과묵하고 실용적인 집안의 기둥이었다. 집에서는 경제 문제, 미래 계획, 그리고 살아남기 위한 현실적인 고민에만 몰두하던 존재였다. 하지만 최근 MINA는 그의 미묘한 변화를 감지한다. 말을 들을 때 한결 부드러워진 눈빛, 조언을 건네기 전의 짧은 망설임, 그리고 예전 같았으면 채워졌을 압박 대신 찾아온 낯선 침묵. 그 모든 사소한 변화들이 말보다 더 많은 것을 전해주고 있다.

어느 날 저녁, 식사 후에 평소와 다른 일이 벌어진다. 식탁을 간단히 정리하고 남은 일을 마무리하러 들어가던 MINA의 아빠가 어색하게 거실에 머문다. 조용히 MINA 맞은편에 앉은 그는 어딘가 낯설고 무거운 기운을 품고 있다. 두어 번 헛기침을 하더니, 낮은 목소리로 말을 꺼낸다.

MINA 아빠
(목소리가 떨리며, 깊은 한숨을 내쉰다)

"MINA야. 아빠는 한때 이렇게 믿었어. 아빠가 열심히 일하고, 가족을 위해 충분히 희생하면… 그걸로 네 행복을 살 수 있을 거라고. 내가 가지지 못했던 걸 너에게 다 주면, 그게 널 지켜주는 길이라고 생각했지. MINA가 성공할 수 있는 환경을 만들어주면, 나중에 커서 어른이 됐을 때 너는 나보다 더 나은 삶을 살 수 있으리라 믿었어."

그는 잠시 말을 멈춘다. 자신의 말에 담긴 무게를 견디려 애쓰는 듯하다.

MINA 아빠 (계속)

"그런데… 성공이라는 게 꼭 최고 점수를 받는 게 아닐지도 모르겠더라. 정말 중요한 건, 스스로 의미를 느끼며 살아가는 거 아닐까. 나는 너에게 최선을 주고 싶었어. 하지만 지금 와서 보니까… 그게 정말 우리 딸한테 필요한 최선이었는지, 나 자신에게도 좋은 길이었는지 한 번도 제대로 묻지 않았더구나. 난 지금을 살아가는 법을 잊고, 미래만 좇다가 오늘을 놓쳐버렸어."

MINA
(눈이 커지고, 목소리가 떨린다)

"아빠… 무슨 말씀이세요? 항상 저한테 최고가 되라고, 잘해야 한다고 하셨잖아요… 그래서 힘들어도 참았어요. 저는 그게 다 제가 행복하길 바라고, 더 나은 미래를 갖길 원해서 그런 줄 알았어요. 저는 그게 사랑이라고 믿었는데요."

MINA 아빠
(감정이 북받쳐 목소리가 터져 나오며)
"사랑이었지. 하지만 어딘가 부서지고 어긋난 사랑이었어. 널 위한 길이라고 믿었지만… 너의 '지금'을 앗아가고 있었단 걸 몰랐어. 나 자신에게도 오늘을 살아도 된다고 허락한 적이 없었거든. 매일을 내일을 위해 준비하면서 살았고, 앞서가고 버티며 살아남는 데만 집중했어. 그 불안과 두려움을… 너한테 고스란히 넘겨버린 거야."

MINA
(그 깨달음이 밀려오며, 그녀의 목소리가 떨린다)
"전, 아빠가 제가 완벽하길 바란다고 생각했어요. 그래서 증명하려 했고… 그런데 아빠는 그저, 두려우셨던 거군요. 뭔가를 잃는 게, 시간이 다 흘러 버리는 게."

MINA 아빠
(그의 눈에는 어렴풋한 체념이 비친다)
"MINA야, 너는 아빠가 얼마나 많은 시간 포기하고 싶었는지 상상도 못 할 거야. 어렸을 때, 결혼하고 나서, 그리고 너희들을 가졌을 때도. 늘 한 발짝만 더 내디디면 모든 것이 무너질 것 같았어. 우리는 모두 한 번쯤 '죽고 싶다'고 쉽게 말하지만, 그 무게는… 겪어본 사람만 알아."

(잠시 멈추며, 목소리가 조금 떨린다)

"끝내는 법도 몰랐어. 아마 너무 무서워서 시도조차 하지 못했을 거야. 죽고 싶다기보단… 그 무게가 버거웠던 거야. 책임, 기대, 실패의 반복, 끝없이 이어지는 불확실함… 그렇게 쌓여가는 것들. 그런 생각은 너무 쉽게 찾아오는데 다른 길이 있다는 건 아무도 말해 주지 않잖아."

MINA

(아버지를 바라보며, 목소리가 떨린다)

"아빠의 그런 모습은 상상도 못 했어요… 왜 말하지 않으셨어요? 아빠는 항상 강해 보였어요. 나는… 나는 몰랐어요, 지금까지는. 그런데 지금은… 너무 무서워요. 왜 이걸 이제 이야기하시는 거예요? 일찍 얘기할 수 있었잖아요, 함께…."

(그녀는 잠시 말을 멈춘다. 감정을 정리하려 애쓰며, 목소리가 한층 부드러워진다)

"왜 우리에게 도와달라고 말하지 않으셨어요?"

MINA 아빠

(목소리가 부서지고, 죄책감과 고통이 섞인 채)

"MINA야, 나는… 항상 너희한테 버려질까 봐 두려웠어. 내 젊음을 즐기지 못했고, 내가 늙었을 때 무엇이 일어날지 너무 걱정하며, 미래에만 집중했어. 내가 너에게 내가 가지지 못한 삶을 주려고 너무 애썼고, 그 과정에서 정작 너의 삶을 빼앗고 있던 거야. 정말 미안해 우리 딸. 난 몰랐어. 행복이, 평화가… 싸워서 얻는 게 아니라, 스스로에게 허락하는 것이라는 걸."

MINA

(슬픔과 이해가 뒤섞인 표정으로)

"아빠는 나에게 상처 주려던 게 아니었죠. 그저 살아남으려고 했던 거예요… 저처럼요. 저는 아빠가 완벽하길 바라지 않아요. 그저 곁에 있어 줬으면 해요. 성적이나 성과가 아닌, 있는 그대로의 저를 봐줬으면 해요. 저도 그런 아빠를 보고 싶어요. 늘 미래만 걱정하는 사람이 아니라, 지금 이 순간을 살아가는 진짜 아빠를요."

MINA 아빠

(목소리가 떨리고, 조용한 흐느낌이 새어 나온다)

"이제야 너를 제대로 보게 됐구나. 내 불안이나 기대가 만든 그림자가 아니라, 무언가를 이루어야만 하는 존재가 아니라, 그냥 너라는 사람 그대로. 넌 내 딸이고, 나는 네가 있는 그대로의 모습으로 자랑스러워. 그 자체로 충분해. 정말로."

아빠의 말이 MINA의 가슴 깊숙이 내려앉는다. 오직 성과만을 이야기하던 아버지가, 이제 그 너머를 바라보고 있었다. 그는 깨닫고 있었다. 진짜 성공이란 외적인 결과가 아니라 정직하게 살아가고, 자신의 열정을 따르며, 마음을 돌보는 삶이라는 것을.

MINA

(이제 눈물이 흐르고, 감정이 북받친 채)

"아빠… 우리 함께 해결할 수 있어요. 우리가 모두 이해할 수 있는 길을 찾을 수 있어요. 아직 다 이해하진 못해도 괜찮아요. 우리는 함께 살고, 숨 쉬고, 행복해질 수 있어요."

제5장 : 사회와 공동체의 역할

MINA 아빠

(그녀를 꼭 안으며, 목소리가 부드럽지만 후회로 가득하다)

"그래, 약속하자. 우린 이 순간을 받아들이고, 함께 행복해지자."

아빠 역시 성공이 단지 외적인 성취에만 있지 않음을 이제야 깨달은 것이다. 진정성 있게 살고, 자신의 열정을 따르며, 내면을 돌보는 것이 진정한 성공이라는 것을. 그 깨달음은 MINA에게 안도의 감정을 안겨준다. 그녀는 이제 처음으로 자신이 성취가 아닌, 진짜 자신으로 사랑받고 있다는 것을 느낀다. 이제야 서로를 처음으로 온전히 마주한 듯한 밤이다.

그들은 손을 꼭 맞잡은 채 앉아 있다. 말하지 못했던 수년의 아픔이 천천히, 그러나 분명히 치유되기 시작한다.

[FADE OUT]

[INT. 거실 – 밤]

MINA는 소파에 앉아 창밖 깊은 밤하늘을 바라본다. 오늘 하루의 대화가 마음속에 천천히 스며든다. 집 안은 조용하지만, 그녀의 내면은 이전과는 확연히 달라진 감정들로 가득 차 있다. 오늘 나눈 대화는 단지 부모와의 갈등을 해결하는 자리를 넘어서, 그들 사이에 오랫동안 쌓여온 침묵과 오해의 벽에 금이 가기 시작한 순간이었다. 그녀는 이제 안다. 사랑은 조건을 채워야 받을 수 있는 보상이 아니며, 완벽함으로 증명할 필요도, 두려움으로 숨길 이유도 없다.

부모는 완벽하지 않았고, 그녀도 마찬가지였다. 그러나 불완전한 이들이 진심을 꺼내놓자, 무너질 것 같지 않던 벽이 조금씩 허물어지기 시작했다. 엄마는 지나친 기대에 대해 사과했고, 아빠는 처음으로 실패의 두려움을 털어놓았다. 그리고 MINA는 두 사람을 용서함과 동시에, 스스로에게도 처음으로 그 용서를 허락했다.

치유는 단번에 완성되지 않는다. 깔끔하지 않고, 느리며, 때로는 불편한 침묵과 고통스러운 진실들을 마주해야만 하는 복잡한 여정이다. 그러나 그 변화는 진짜다. 창밖의 어두운 하늘 아래에서, MINA는 자신이 지금 쌓아가고 있는 이 작은 움직임의 의미를 깊이 되새긴다. 이 작은 움직임은 한 가정의 화해를 넘어 청소년, 성공, 정신적 안녕을 바라보는 한국 사회의 시선에 균열을 내고 있다고. 그 안에는 무한한 가능성과 희망이 함께 존재하고 있다고.

앞으로 그녀가 나아갈 길은 청소년이 기계가 아닌 사람으로 존중받고, 부모와 교사, 학생 모두가 서로의 약함과 흔들림을 있는 그대로 받아들이는 세상이다. 물론 이러한 변화를 이끌어내는 길은 험난할 것이며, 완벽주의와 경쟁 중심의 사고방식은 여전히 일상의 깊은 곳에 남아 있을 것이다. 하지만 진심 어린 대화 하나하나, 작은 변화의 물결 하나하나가 쌓이다 보면, 결국 더 따뜻하고 단단한 내일에 다가서게 될 것이라는 믿음이 점점 더 선명해졌다.

무엇보다, 이제 그녀는 혼자가 아니다.
MINA는 조용히 미소 짓는다. 그 미소 속엔 부모의 이해와 따뜻한 눈빛, 그리고 같은 길을 걷는 수많은 이들의 연대가 담겨 있다.

[FADE OUT]

내레이션 대한민국에서 교육은 단순한 개인의 성장 과정이 아니라, 오랜 시간 사회 전체가 함께 짊어져 온 국가적 사명처럼 여겨져 왔습니다. 아이들은 어린 시절부터 자연스럽게 '성공'을 향한 경쟁의 세계로 들어갑니다. 이곳에서 학교 성적은 단순한 숫자가 아니라 미래의 기회이자 사회적 지위, 가정의 자존심을 상징합니다. 학업 성취는 학생 한 사람의 노력만으로 완성되는 것이 아닙니다. 부모는 자녀의 성공을 위해 시간과 경제적 자원을 아낌없이 투자하고, 학교는 끝없는 성과와 등수로 학생들을 평가하며, 지역사회는 이를 당연한 문화로 받아들여 왔습니다. 긴 학습 시간과 밤늦은 학원 수업, 끊임없는 비교와 경쟁은 한국 청소년의 일상이 되었습니다.

하지만 시험 점수와 세계적인 학업 순위라는 화려한 성과 이면에는 쉽게 드러나지 않는 또 다른 진실이 자리하고 있습니다. 누적된 정서적 압박, 말하지 못한 외로움, 그리고 조용히 지쳐가는 마음들입니다. 많은 청소년은 '잘해야 한다'는 강박 속에서 자신을 잃고, 자신이 누구인지, 무엇을 원하는지조차 잊은 채 하루하루를 견뎌내고 있습니다.

그런 가운데, 지금 한국 사회 안에서는 조용하지만 분명한 변화의 움직임이 시작되고 있습니다.

부모는 처음으로 스스로에게 묻기 시작했습니다. "우리가 진정 바랐던 것은 무엇이었을까?" 교사들은 더 많이 듣고, 더 깊이 이해하려 합니다. 그리고 무엇보다, 그동안 침묵하던 학생들이 마침내 자신의 목소리를 내기 시작했습니다. 이제 그들은 묻습니다. "성공이 꼭 시험 점수로만 정의되어야 할까?" "행복과 마음의 평안, 삶의 의미도 성적만큼 중요한 것 아닐까?"

이제 정신건강이라는 주제가 조심스럽게 사회적 대화의 중심에 오르기 시작했고, 직업학교나 예술·창의 중심의 대안 교육, 자신을 찾아가는 시간에 대한 인식도 조금씩 변화하고 있습니다. 주저했던 질문들은 어느새 용기 있는 선언으로 바뀌고 있습니다. "나는 경쟁보다 삶을 배우고 싶다." "나는 성적이 아닌 나 자신으로 인정받고 싶다."

변화의 속도는 느립니다. 한국 사회 깊이 뿌리내린 완벽주의와 성과 중심 문화는 쉽게 사라지지 않을 것입니다. 하지만 지금 이 순간에도, 작은 변화들은 계속되고 있습니다. 부모와 자녀가 함께 대화를 시작하고, 교실에서는 교사들이 학생을 다른 시선으로 바라보며, 학생들 역시 서로를 통해 위로와 용기를 얻고 있습니다.

이제 교육의 미래는 더 이상 시험지 위 숫자에만 달려 있지 않습니다. 우리가 진정 바라는 미래는, 학생 한 사람 한 사람이 인간으로 존중받고, 정신적·감정적 건강이 성취만큼 소중히 여겨지며, 공동체가 함께 성장하는 따뜻한 배움의 공간입니다. 그리고 그 변화는 지금, 이곳에서 조용히 그러나 분명히 시작되고 있습니다.

참고

- 김수진 (2016). 한국의 교육 위기: 사회구조적 관점」, 교육행정 및 정책 저널, 1(2), 45-67
- 조수현, 이현정 (2015). 사교육이 학업 성취도에 미치는 영향: 한국의 사례」, 아시아 태평양 교육 리뷰, 16(3), 373-386
- OECD (2022. 한눈에 보는 교육 2022: OECD 지표
- 장혜민, 이지은 (2021). 한국 청소년의 정신건강 문제: 학교와 가족의 역할」, 청소년 건강 저널, 69(4), 650-657
- 최윤영 (2019). 한국 교육 시스템의 사회경제적 불평등, 국제 교육 개발 저널, 67, 123-134
- 박현우 (2020). 변화하는 한국 교육에 대한 시각, 아시아 교육 및 개발 연구, 9(2), 157-171
- 이지훈 (2023). 출산율 감소와 한국 교육의 관계, 한국학 연구 저널, 12(1), 88-102
- 대한민국 교육부 (2022). 한국 교육 연례 보고서
- 이유진 (2019). 한국의 교육 개혁: 학원 시스템의 부정적 영향 해결, 아시아 교육 및 개발 연구, 8(3), 309-324
- 신현정 (2018). 한국 공교육과 사교육 비교 연구, 국제 교육 개발 저널, 60, 125-134
- 이한결 (2020). 한국의 대안 교육: 공공 방과후 프로그램을 통한 교육 형평성 증진,

대안 교육 저널, 21(2), 104–118
- 김예린, 박소연 (2021). 사교육 악순환의 고리 끊기: 접근 가능한 공교육 대안의 필요성, 한국 교육정책 저널, 16(3), 212–230
- 이재훈 (2018). 한국 교육 정책 개혁에서 커뮤니티 참여의 역할, 아시아 교육정책 저널, 25(1), 61–75
- 박은정 (2019). 한국의 혁신적 학습 접근법: 프로젝트 기반 학습과 디지털 교육의 부상, 교육 혁신 저널, 30(4), 142–158

✦ **여러분의 이야기**

QR 코드를 스캔하시면 이 장을 읽고 떠오른 생각을 기록하고 다른 사람들의 이야기도 읽어보실 수 있습니다. 접속 후 'CHAPTER 5 / 제5장'이라고 적혀있는 영상을 눌러주세요.

학생들에게:
성공을 좇는 과정에서 지치거나, 아무도 나라는 존재를 알아주지 않는다고 느낀 적이 있나요? 그 압박감은 어디에서 온다고 생각하나요? 가족? 학교? 아니면 사회 전체로부터?

부모님들에게:
자녀의 미래를 위해 바라는 마음 속에서, 혹시 감정보다 성취를 더 중요하게 생각한 적은 없으신가요? 자녀의 행복을 생각할 때, 진정한 성공은 무엇이라고 생각하시나요?

교육자들에게:
어떻게 학생들이 성과가 아닌 '존재 자체'로 존중받는 공간을 만들 수 있을까요? 여러분의 교실이나 학교 안에서 '성공'의 의미를 재정의한다는 건 어떤 모습일까요?

제6장 :
불확실한 세상에 던지는 희망의 목소리

내레이션

대한민국은 지금 중대한 전환점에 서 있습니다. 불확실성이 짙어지는 시대, 희망을 찾는 일은 점점 더 어려워지고 있습니다. 많은 젊은이들이 극심한 학업 부담에 시달리며, 정신건강 문제는 여전히 낙인의 벽에 가로막혀 필요한 도움조차 받지 못하고 있습니다. 끊임없는 압박은 스트레스와 탈진으로 이어지고, 젊은 세대는 점점 삶의 균형을 잃어가고 있습니다.

경제적 전망 또한 불투명합니다. 청년 실업률은 쉽게 개선되지 않고 있으며, 급속한 고령화는 공공 자원과 노동력에 심각한 부담을 안기고 있습니다. 성차별과 뿌리 깊은 과로 문화 역시 개인이 건강한 삶을 설계하고 지속하는 데 커다란 장벽으로 작용하고 있습니다.

그러나 무엇보다 더 근본적인 문제는 정치적 양극화입니다. 이념의 충돌은 실질적인 개혁을 가로막고 있으며, 국가적 과제와 장기적 비전을 연결하는 과정은 계속해서 지체되고 있습니다. 지금의 구조로는 더 나은 미래를 만들 수 없다는 자각이 사회 전반에 퍼지고 있습니다.

이제 한국 사회는 본질적인 전환을 모색해야 할 시점에 다다랐습니다. 정신건강 지원의 접근성을 확대하고, 경쟁 중심의 교육 시스템을 다시 설계해야 합니다. 더불어 모두를 위한 지속 가능한 일자리를 마련하고, 성과 중심의 사회에서 벗어나 삶의 질을 중심으로 가치를 재편하는 문화적 전환이 절실합니다. 이러한 변화가 이루어질 때 비로소 우리는 '버티는 삶'이 아닌 '살아가는 삶', 즉 희망이 피어나는 미래를 만들 수 있을 것입니다.

[INT. 부산 전국 청소년 컨퍼런스 - 낮]

MINA는 무대 뒤에 조용히 서 있다. 손에 든 연설문은 오래도록 꽉 쥐고 있어 가장자리가 축축하게 닳아 있다. 어느새 그녀의 이름이 스피커를 통해 울려 퍼지고, MINA는 조명을 향해 걸어 나간다. 무대는 밝은 조명 아래 광활하게 느껴지고, 공기에는 조용한 기대감이 감돈다. 무대 너머에는 전국에서 모인 청소년들이 앉아 있다. 이들은 진정한 희망을 찾고, 마음속 깊이 담아둔 진실을 전해줄 목소리를 듣고자 이곳에 모였다.

MINA의 심장이 점점 빠르게 뛴다. 손바닥엔 땀이 맺히고, 숨이 목에서 멈칫거린다. 지금까지 서 본 무대 중 가장 크고 압도적인 순간. 그 무게에 잠시 짓눌릴 듯하지만, MINA는 스스로를 다잡는다. 그녀는 안다. 이 순간이 자신보다 크다는 것, 그리고 자신이 그 크기를 넘어설 수 있다는 것을. 이것은 단순한 연설이 아니라, 누군가의 삶을 뒤흔들지도 모를 하나의 가능성이다.

MINA는 연단 앞으로 나아가 깊게 숨을 내쉰다. 마이크에서 약간의 잡음이 흘러나온다. 고개를 들고, 부드럽지만 흔들림 없는 목소리로 말하기 시작한다.

MINA
(확신에 찬 목소리로)
"우리는 세상을 바꿀 세대입니다. 주어진 틀에 순응하는 대신, 우리만의 길을 찾아야 합니다. 성공은 숫자나 명예, 외부의 인정을 통해 정의된다고들 말하지만, 우리는 믿지도 않는 기준에 맞춰 살아오며 침묵했고, 청춘을 다 바쳐 '더 나은 미래'를 준비해 왔다고 믿어 왔습니다. 하지만 우리가 여기에 있는 이유는 단지 그것만은 아닙니다."

그녀는 잠시 말을 멈춘다. 자신의 말이 청중의 마음에 와닿기를 바라는 마음에서다. MINA는 청중의 얼굴을 살핀다. 줄지어 앉은 젊은 얼굴들 위로 피로의 그림자가 드리워져 있고, 몇몇은 고개를 떨군 채, 또 누군가는 눈을 감은 채 앉아 있다. 그럼에도 불구하고 그들 속에는 또 다른 것이 있다. 말로 다 표현할 수 없는 변화에 대한 갈망, 더 나은 세상을 원하는 집단적 열망. 익숙한 표정 뒤에 조심스레 숨겨진 희망의 불씨들이 존재한다.

MINA
"저는 한때, 제가 이 자리에 설 자격이 없다고 믿었습니다. 남들과 같은 방식으로는 숨쉬기도 벅찼고, 정해진 시스템을 따라가지 못했기 때문입니다. 하지만 이제는 말할 수 있습니다. 살아갈 자격은 증명하는 것이 아니에요. 점수나 순위, 성적으로 부여되는 것도 아닙니다. 우리는 누구나, 존재하는 것만으로 살아갈 이유를 가집니다. 학교와 사회가 끊임없이 증명하라고 강요하는 그 구조는 이제 멈춰야 합니다. 그 누구도 그런 무게를 혼자 짊어져

선 안 됩니다."

연설장은 여전히 고요하다. 하지만 이전과는 다른 고요함이다. 무겁고 의도된 침묵. 누구도 가볍게 깨뜨릴 수 없는 집중의 순간이다. 그녀는 목소리를 높이지 않는다. 그럴 필요가 없다는 걸 알고 있다.

MINA
(새로운 결의를 다지며)
"우리는 언제나 살아갈 이유를 가지고 있습니다. 가장 어두운 순간에도, 세상이 버거울 만큼 무겁게 느껴질 때조차도, 우리는 여전히 의미 있는 무언가를 만들어낼 수 있는 힘을 지니고 있습니다. 고통을 목표로, 역경을 힘으로 전환할 수 있습니다. 우리를 규정하는 것은 우리가 겪은 압박이 아니라, 그것을 어떻게 견디고 이겨내는가입니다. 어떻게 스스로를 지키고, 사랑과 연결, 회복 위에 미래를 세우는가. 그것이 진짜 우리를 말해 줍니다.
그래서 저는 이제 더 이상 완벽해지려 하지 않을 겁니다. 대신, 살아 있으려 합니다. 당신이 여기 있다면, 저도 그렇습니다. 그리고 당신이 다시 숨을 쉴 수 있을 때까지, 저는 이 자리에서 기다릴 겁니다."

이제 그녀의 말은 더는 외워낸 문장이 아니다. 마음 깊은 곳에서 흘러나오는, 오랫동안 말해지기를 기다려온 진심이다. 한때, 절대로 입 밖에 낼 수 없을 거라 믿었던 말들이 자연스럽게 흘러나온다. MINA는 더 이상 무한 경쟁과 기대의 그물에 갇힌 십 대 소녀가 아니다. 그녀는 목소리를 가진 리더이며, 침묵 속에서 고통받는 이들에게 희망의 등불을 건네는 이다.

연설장은 숨을 죽인 듯 고요해진다. 그리고, 조심스럽게 침묵이 깨진다.

박수 소리는 이내 점점 커지고, 하나의 물결이 되어 연설장을 가득 채운다. 그것은 단순한 찬사가 아니다. 압도적이면서도 깊은 연대의 감정이다. MINA는 눈을 크게 뜬다. 눈가에 눈물이 맺힌다. 이 박수가 자신만을 위한 것이 아님을 안다. 같은 압박, 같은 두려움, 같은 외로움을 견뎌온 모든 청춘을 위한 박수임을. 오랫동안 침묵 속에 있던 목소리들을 위한 환호임을.

그녀는 조용히 미소 짓는다. 가슴 깊은 곳에서부터 벅차오르는 감정을 느낀다. 어둠 속에서 혼잣말로 자신을 의심하던 소녀는 이제 모두의 앞에서 당당히 말하고 있다. 그 목소리는 또렷하고 흔들림 없으며, 더 이상 미안하지 않다. MINA는 이 순간이 끝이 아니라, 오히려 더 큰 이야기의 시작임을 직감한다.

청중은 더 이상 낯선 존재들이 아니다. 오히려 거울 같다. MINA를 통해 자신 안의 어떤 부분을 마주한 사람들이기 때문이다. 그녀는 그들에게 영감을 주었고, 이제는 그들과 함께 새로운 미래를 만들어가고 있다. 완벽함이 아닌 정직한 불완전함에서 출발한 움직임이다. 약함을 드러낼 수 있는 용기에서 비롯된 진짜 힘. 그리고 아무리 작을지라도 세상의 모든 목소리는 존재할 이유가 있다는 믿음 위에 선 선언이다.

[관중 응답 시간]

MINA
(생각에 잠긴 표정으로)

"Q&A를 시작하기 전에, 여러분께 한가지 질문을 드리고 싶어요. '성공'이란 여러분에게 어떤 의미인가요? 높은 성적표, 타인의 인정, 반짝이는 이력서… 그런 것들만이 진정한 성공의 증표일까요? 아니면, 오직 여러분만이 정의할 수 있는, 더 깊고 사적인 무언가가 있진 않나요? 오늘 이 시간 내내, 그 질문을 마음 한구석에 간직해 주세요. 우리가 스스로에게 던지는 질문이, 때로는 세상이 줄 수 없는 방향을 우리 내면에서 열어줄 수도 있으니까요."

관객1
(조심스레 손을 들며)
"MINA 씨 말씀에 정말 깊이 공감됐어요. 성적이나 타이틀 같은 외적인 기준이 아닌, 스스로의 목적과 의미를 찾는 삶… 하지만 저희 같은 학생들에겐 여전히 어려운 일이에요. 성적과 결과로만 판단 받는 현실에서, 과연 어떻게 해야 진짜 나만의 길을 찾을 수 있을까요? 모든 게 너무 압박처럼 느껴져요. 숨 쉴 틈도 없어요."

MINA
(살짝 웃으며 공감하듯 고개를 끄덕인다)
"그 마음 알아요. 저도 그 틈 속에서 숨 쉬는 법을 몰라 방황했던 적이 있어요. 주변은 끊임없이 말하죠. 더 빨리, 더 높이, 더 많이. 하지만 문득 이런 생각이 들었어요. '성공'이란 꼭 하나의 사다리를 타고 올라가는 일일까? 어쩌면 그것은 각자의 속도와 방향으로 걸어가는 여정일지도 몰라요. 저는 한 청소년 센터에서 봉사활동을 하면서 처음으로 깨달았어요.
성적표에서는 느낄 수 없었던 감정… 누군가에게 '필요한 사람'이라는 느낌, 작게나마 세상에 보탬이 되고 있다는 기쁨. 그 순간이 제겐 너무도 생생했어요.
어쩌면 삶의 목적은 한순간의 거창한 깨달음이 아니라, 매일의 작고 조용한 선택들 속에서 자라는 게 아닐까요? 누군가에게 다정한 말을 건네는 일,

마음속 작은 물음에 귀 기울이는 일, 자신답게 살아보려는 용기 있는 시도 말이에요.
이번 주, 여러분이 누군가를 감동시키기 위해서가 아니라 '나답게' 있기 위해 해볼 수 있는 작은 시도는 무엇이 있을까요? 사회의 기대를 넘어 자기만의 목적을 키우기 위한 오늘의 첫 발걸음은 무엇일까요?"

MINA
(잠시 멈추고, 객석을 바라보며)
"그리고 한 가지만 더 생각해 봤으면 해요. 여러분은 스스로의 정신건강에 관심을 가지고 있나요? '괜찮다'는 말 뒤에 숨은 감정들을 들여다본 적 있나요? 아니면 그저 괜찮은 척하며 버텨내는 데에만 익숙해져 있지는 않나요?"

관객2
(조금 망설이며)
"저는… 그런 시간을 거의 갖지 못하는 것 같아요. 대부분의 친구들도 마찬가지고요. 부모님께 힘든 내색을 하면, 학생이라면 당연히 그런 감정을 느끼는 거라고 하세요. 제가 너무 예민한 거라구요. 그럴 때마다 말문이 막혀요. 어떻게 해야 부모님과 이런 대화를 시작할 수 있을까요? 우리가 단지 지친 게 아니라, 정말 아프다는 걸 이해받으려면…."

MINA
(잠시 깊은 숨을 들이쉬고 부드러운 미소를 머금는다)
"정말 중요한 이야기에요. 그리고 이렇게 용기 내어 말해준 순간부터 이미 변화는 시작된 거라고 생각해요.
부모님 세대는 우리와 전혀 다른 시대를 살아오셨어요. 우리는 이 사실을 이해해야 해요. 부모님은 절대적 자원의 부족, 독재정권의 억압, IMF와 같은 국가경제 위기 속에서 살아남아야 했어요. 그분들에겐 '생존'과 '안정'이 가장 절박한 과제였지요. 그런 환경에서 개인보다 집단, 감정보다 의무가 우선시되는 가치관이 자연스럽게 형성된 거예요. 부모님은 감정을 표현할 언어조차 허락되지 않았던 시절을 견뎌내신 거죠. 그러니 우리가 느끼는 불안과 혼란을 그대로 이해하지 못하는 건 어쩌면 자연스러운 일이에요. 그분들은 '견디는 법'을 배웠고, 우리는 '표현하는 법'을 배우고 있죠.

저도 처음엔 부모님께 이해받지 못했어요. 하지만 제가 먼저 달라졌을 때, 그 변화가 삶에 어떤 빛을 더해주는지 '보여줬을' 때, 그분들도 천천히 귀를 기울이기 시작했어요. 시간이 걸렸고, 인내가 필요했고, 때로는 그냥 조용히 기다리는 용기도 필요했죠.

부모님들이 변하기를 기다릴 수만은 없어요. 우리가 먼저 '살아 있는 삶'을 보여줘야 해요. 그때서야 비로소 세대 간의 대화가 시작된다고 생각해요. 우리의 우선순위 - 정신건강, 삶의 균형, 다양성에 대한 존중 - 이런 것이 단지 '요즘 애들'의 유행이 아니라, 진짜로 건강한 사회를 만드는 길임을 보여주는 거예요. 우리에게 성공이란 단지 안정만이 아니라, 진짜 의미 있는 성취감이기도 하니까요.

중요한 건 서로를 바꾸려 하기보다 서로의 '다름'을 인정하고 존중하는 게 아닐까요? 결국 중요한 건 공통점을 찾는 거예요. 여러분의 이야기를 계속 들려주세요. 그들의 이야기를 조용히 들어주세요. 그렇게 우리는 함께 이 간극을 메워갈 수 있을 거예요."

(MINA는 천천히 시선을 들어 객석을 바라본다. 그녀의 목소리는 잔잔하지만, 마치

마음속에 불을 지피듯 따뜻하고 단단하다.)

"여러분은 마지막으로 언제, 생산적인 일이 아니라 '의미 있는' 일을 했나요? 그 순간, 어떤 기분이 들었나요?"

순간, 조용한 공기가 강처럼 방 안을 흐른다. 그리고 통로 쪽에 앉아 있던 한 학생이 조용히 손을 든다. 그녀의 목소리는 작지만 또렷하다.

관객3
"저는… 마지막으로 그런 감정을 느낀 건, 반려동물을 잃고 슬퍼하던 친구를 도왔을 때였어요. 무슨 말을 해야 할지 몰라서 그냥 옆에 앉아 같이 울었어요. 별거 아닌 것 같았지만, 그날 하루 가장 진짜 같고 의미 있었던 순간이었어요. 지금 공동체의 힘과 정신건강에 대한 이야기를 들으면서 문득 이런 생각이 들어요. 우리도 그런 진심을 더 자주, 더 넓게 나눌 수 있을까요? 그런 연결의 순간들을 어떻게 하면 더 큰 변화로 확장시킬 수 있을까요? 우리 같은 청년들이 이 시스템 속에서 어떤 역할을 해야 할까요? 저는 우리가 너무 자주 사회의 기대와 현상 유지라는 소음에 가려져 목소리를 잃는다고 느끼거든요."

MINA
(눈을 반짝이며, 몸을 앞으로 숙이며)
"맞아요, 그 짧은 순간. 그게 바로 변화의 시작이에요. 거창한 계획이 없어도 돼요. 단지 '의미 있는 순간' 하나가 필요할 뿐이고, 그걸 붙잡을 용기만 있으면 돼요. 고통 속에 있는 누군가의 곁에 조용히 앉아 있는 것… 그 자체로 세상을 바꾸는 일이에요.

저도 기억나요. 학교에서 친구들과 함께 아주 작은 정신건강 인식 캠페인을 열었을 때요. 대단한 준비가 있었던 건 아니었어요. 열린 공간, 대화할 수 있는 자리, 나눌 수 있는 간식 몇 개. 하지만 그 작았던 자리는 점점 더 많은 사람들의 진심을 끌어냈고, 지금은 선생님과 부모님까지 함께 이야기하는 공간이 되었어요.

당신이 했던 그 선택, 누군가의 옆에 조용히 앉아준 그 행동… 그게 뿌리를 내리는 씨앗이 돼요. 그리고 그 씨앗이 언제 어디서 자랄지는 아무도 모르죠. 그러니 계속해서 함께해 주세요. 누가 지켜보고 있을지, 누가 그 마음을 이어갈지 아무도 알 수 없으니까요."

(잠시 멈추고, 천천히 숨을 들이쉬며)

"그래서 여러분께 묻고 싶어요. 여러분은 어떤 사람으로 기억되고 싶나요? 어떤 흔적을 세상에 남기고 싶나요? 시험 성적과 숫자로만 남고 싶은가요? 아니면, 누군가의 삶에 조용히 손 내밀었던 따뜻한 존재로 남고 싶나요? 우리가 만들어갈 세상은 어떤 얼굴을 가질까요?"

그때, 중앙에 앉은 한 소녀가 손을 든다.

관객4

"그런 생각을 자주 해요… 제 인생이 그냥 GPA(학점)로만 기억되고 싶진 않거든요. 그런데 그런 세상이 가능하기나 할까 싶기도 해요. 목적이 완벽함보다 더 중요한 사회를 만들기 위해, 우리는 무엇부터 바꿔야 할까요?"

MINA

(미소 지으며, 질문에 마음을 담아)

"우리는 먼저 지능의 다양한 모습을 인정하는 것부터 시작해야 해요. 감정을 이해하는 힘, 나눌 줄 아는 마음, 세상을 바라보는 깊은 시선 같은 것들이요. 그리고 서로 다르다는 사실을 존중하는 거죠. 나이와 상관없이, 같은 길을 걷고 있든, 전혀 다른 길을 가고 있든 말이에요.

제가 지역 공동체 텃밭에서 봉사했을 때, 다양한 세대의 사람들이 함께 일하고 있었어요. 누구도 경쟁하지 않았고, 누구도 자신을 드러내려 하지 않았죠. 그냥 함께 흙을 만지고, 서로의 시선을 나누며 자연스럽게 조화를 이루었어요. 그 순간, 잘하는 것보다 함께 있는 것이 더 소중하다는 걸 배웠어요. 만약 우리 사회가 그런 방식으로 움직인다면 어떨까요? 완벽함만을 추구하기보다는, 불완전함조차 성장의 일부로 존중하는 세상이라면요. 각자의 다름과 고유한 기여가 진심으로 인정받는 사회를, 우리는 어떻게 함께 만들어 갈 수 있을까요?"

(잠시 멈추고, 조용히 말을 이어간다)

"어쩌면 우리는 그 세상을 기다릴 필요가 없을지도 몰라요. 우리가 만나는 모든 순간을 '무엇을 얻을까'가 아니라 '무엇을 줄 수 있을까'로 시작한다면 말이에요. 전통적인 성공의 기준을 넘어서 불완전함조차도 존중받는 사회를 만든다면 진짜 우리만의 미래가 펼쳐질 거예요. 그렇게 된다면, 이 공간도, 모든 학교도, 이 나라조차 얼마나 다르게 느껴질지… 상상해 보세요."

관객5

"그렇게 믿고 싶어요. 하지만 현실은 여전히 시험과 다음 단계로만 가득 차 있어요. 그 굴레 안에서, 우리 자신이 지워지는 느낌을 받을 때가 많아요.

이런 시험 중심의 시스템이 우리에게 어떤 영향을 미친다고 생각하세요? 우리는 어떻게 해야 해요?"

MINA
(눈을 고정한 채 행사장을 둘러보며)
"그 마음, 저도 너무 잘 알아요. 끝없이 반복되는 등수와 비교 속에서, 우리는 마치 '사람'이 아니라 숫자로만 존재하는 것처럼 느껴지기도 하죠. 몇 주 전 뉴스에서, 한 고등학생이 지원한 아이비리그 대학들에 모두 불합격하여 스스로 목숨을 끊었다는 기사를 봤어요. 그는 거의 완벽했어요. 성적도, 점수도, 대외활동도. 그런데 마지막으로 남긴 말은 '엄마, 미안해요'였어요. 왜일까요? 그는 정말 충분했는데, 사회는 아직 부족하다고 말했어요. 그건 그 학생의 실패가 아니라, 그를 제대로 바라보지 못한 우리 사회의 실패예요."

(잠시 멈추고, 더 사려 깊은 표정으로 말을 잇는다)

"성적은 하나의 도구일 뿐, 당신의 정체성이 아니에요. 저도 한때는 숫자로 저를 증명하려 했지만, 결국 숫자는 제 진짜 모습을 설명하지 못하더라고요. 그때부터 저는 제가 진심으로 좋아하는 것들, 저를 살아 있게 만드는 순간들에 더 집중했어요. 물론 학교생활도 중요하죠. 하지만, 내가 좋아하는 취미, 내가 맺는 관계, 그런 게 모여서 결국 '나'라는 사람을 만드는 거예요. 명문대에 못 갔다고 해서 삶이 정해지는 건 아니에요. 중요한 건, 졸업 후 내가 어떤 삶을 살아갈지를 내가 직접 선택하는 거니까요.
이 시스템 안에서 버티는 건 쉽지 않아요. 그래서 저는 '균형'이 무엇보다 중요하다고 생각해요. 최선을 다하는 것과 동시에, 스스로를 돌보는 것. 그 균형이 무너지면, 아무리 좋은 성적을 받아도 진짜 내가 사라져요. 힘든 시기가 있는 것도 괜찮고, 완벽하지 않아도 괜찮습니다. 만약 감당하기 어려울 때가 있다면, 주저하지 말고 믿을 수 있는 사람 – 친구든 선생님이든 가족이든 – 그들에게 손을 내밀어 주세요. 그런 감정을 느끼는 건, 결코 여러분만이 아니니까요."

(잠시 조용히 바라보며, 목소리는 조금 더 부드러워진다)

"그리고 한 가지 더 묻고 싶습니다. 모든 게 버겁게 느껴질 때, 여러분을 계속 앞으로 나아가게 만드는 건 무엇인가요? 아주 작게라도 희망을 느끼게 해주는 건 무엇인가요?"

행사장 뒤쪽에 앉아 있던 한 학생이, 거의 반사적으로 대답을 꺼낸다.

관객6
"그게 바로 MINA 씨예요. 많은 사람들이 MINA 씨와 당신의 블로그를 좋아해요. 오늘 밤 이야기를 들으면서, 저도 조금은 덜 외로워졌어요. 이렇게 자신의 진실을 용기 있게 말해준 모습이… 정말 존경스러워요. 하지만 때로는 세상이 온통 잘못된 것처럼 느껴질 때도 있잖아요. 그런 순간에도 어떻게 희망을 잃지 않으세요? 정말 힘들 때, 무엇을 붙잡고 버티세요?"

MINA
(깊은 생각에 잠긴 침묵과 함께)
"희망은… 아주 조용한 존재예요. 어떤 날은 그냥 속삭임일 뿐이죠. 가끔은 그저 침대에서 일어나는 것조차 내가 할 수 있는 가장 용감한 일이 되기도 해요. 하지만 희망은 모든 것이 괜찮다는 척이 아니라, 더 나은 가능성

을 믿는 용기예요. 한 번도 만나본 적 없는 누군가의 메시지에서, 스쳐 지나간 낯선 사람의 친절 속에서, 또는 등굣길 바람결 안에서… 저는 그런 곳들에서 희망을 느껴요. 그 바람이 나에게 말해줘요. 세상은 여전히 움직이고 있고, 빛은 아직 꺼지지 않았다고. 그리고 가끔은 그저, 앞이 보이지 않아도 다시 한번 시도해 보기로 결심하는 그 자체가 희망이 되기도 해요.

저는 계속 나아가요. 더 나은 세상이 가능하다고 믿기 때문이에요. 그게 보장돼서가 아니라, 도전할 가치가 있기 때문이죠. 제 블로그 댓글로 자신들의 고민과 꿈을 들려주는 또래들의 메시지를 받을 때마다, 저는 다시 한번 용기를 얻어요. 그리고 그 연결 속에, 분명한 힘이 있습니다."

MINA

(관객을 바라보며, 단호하게 맑은 목소리로)

"저는 아직 열일곱 살에 불과해요. 인생이 무엇인지, 세상이 어떻게 돌아가는지 여전히 배워가는 중이에요. 그동안은 그저 시키는 대로만 살아왔어요. 점수를 받고, 순위를 따지고, 틀린 것을 고치고, 늘 더 잘해야 한다는 압박 속에 스스로를 조여 왔죠. 그러는 사이, 제 안에 목소리가 있다는 사실조차 잊고 있었어요. 그런데 최근에서야 처음으로 제 목소리에 귀를 기울이기 시작했어요. 주변을 둘러보고, 내가 진심으로 소중하게 여기는 것이 무엇인지 고민하기 시작했죠. 그리고 그 기준에 따라 선택했을 때, 저는 처음으로 '앞으로 더 많은 길이 열릴 수도 있겠구나' 하는 희망을 느꼈어요. 누가 시켜서가 아니라, 온전히 제가 원해서 무언가를 기대하게 되었거든요.

가장 친한 친구가 세상을 떠났을 때, 제 안에는 말로 다 설명할 수 없는 깊은 침묵이 퍼졌어요. 그 침묵이 언젠가 저도 집어삼킬 것 같았죠. 하지만 이제는 묻고 싶어요. 왜 그녀는 지금의 내가 보고 있는 것을 보지 못했을까? 미래가 불확실하더라도, 그 안에는 여전히 기다릴 만한 무언가가 있다는 걸요. 그래서 저는 계속 걸어가기로 했어요. 하루하루, 한 걸음씩. 저는 오늘 이 자리에 정답을 말하러 온 게 아니에요. 그저 제 진실을 나누고, 제가 가진 것을 조금이라도 건네며, 여러분의 이야기를 듣기 위해 여기에 왔어요. 작은 것부터 시작하는 거예요. 내일을 위해 오늘 내가 할 수 있는 만큼만 해보는 것. 그게 바로 제가 살아가는 이유이고, 삶의 목적이에요.
그러니 이 공간을 떠나기 전에 스스로에게 물어보세요.

오늘, 내가 이 변화를 위해 할 수 있는 작은 행동은 무엇일까?

우리는 영원하지 않아요. 그렇기 때문에, 지금 시작해야 합니다."

박수 소리가 천천히 조용히 퍼지더니 이내 거센 환호로 번진다. 관중은 힘찬 응원으로 화답하며, 앞으로 마주할 변화의 여정에 함께할 준비가 되었음을 보여준다. 그들은 이제 알고 있다. 더 나은 세상을 향한 길 위에, 결코 혼자가 아니라는 것을.
그 순간은 하나의 인정이었고, 안도감이었으며, 마침내 내쉬는 깊은 숨이었다.

MINA가 단상에서 내려오자 군중의 환호가 그녀의 귓가에 울려 퍼진다. 심장은 요동치고 몸은 순간의 아드레날린으로 떨린다. 눈가에 맺힌 눈물 너머, 그녀는 미소 짓는다. 압도적인 평화가 온몸을 감싸며 스며든다. 그녀는 자신의 목소리를 찾았다. 강하고, 맑고, 거침없는 목소리였다. 오랫동안 완벽을 강요하던 세상 속에서, 자신과 친구들을 무너뜨린 그 사회 안에서, MINA는 길을 잃은 듯 살아왔다. 하지만 오늘 밤, 그녀는 마음 깊은 곳에서 길어 올린 진실을 꺼내어, 수많은 이들 앞에서 당당히 자신의 목소리를 냈다.

희망과 목적, 회복력의 힘은 이제 그들 모두의 손에 쥐어졌다. 그녀의 메시지, 그녀의 싸움, 그리고 그들의 연대된 힘이 하나 되어 울린다.

MINA는 무대를 내려온다. 무언가를 끝낸 사람이 아니라, 이제 막 시작한 사람으로서. 그녀의 여정은 계속된다. 더 나은, 더 따뜻한 세상을 만들기 위해 싸우고, 말하고, 이끌어갈 것이다. 모든 젊은이들이 어둠에 휩싸일지라도 '살아갈 이유'를 찾을 수 있는 그런 세상을 위해. 이것은 시작에 불과하다.

내레이션

대한민국은 여전히 불확실한 미래 속에서 정신건강, 청년 역량 강화, 그리고 사회 전반의 구조적 개혁이라는 중대한 과제들과 마주하고 있습니다. 특히 청소년 자살률 문제는 시급한 사회적 해결이 필요한 영역으로, 정신건강에 대한 낙인을 극복하고 보다 촘촘한 지원 체계를 구축하려는 노력이 이어지고 있습니다. 그러나 현재의 교육 시스템은 여전히 창의성, 정서적 안녕, 삶의 균형보다는 과도한 학업 성취에 머물러 있습니다. 이제는 보다 건강하고 지속 가능하고 성공의 기준으로의 전환이 절실합니다.

실질적인 변화는 청년 스스로가 자신의 삶과 미래를 주도할 때 비로소 시작됩니다. 이를 위해서는 더 나은 워라밸(일과 삶의 균형), 정신건강에 대한 실질적 지원, 다양한 진로와 삶의 방식을 포용하는 사회적 인정이 뒷받침되어야 합니다. 정부 또한 혁신, 창업, 직업교육을 장려하는 정책을 통해 이러한 흐름을 지원하고 있으며, 인구 감소 문제에 대응해 육아 보조금 확대와 부모 휴가 제도 강화 등 가족 친화적 정책들도 도입되고 있습니다.

더불어 한국 사회는 포용성을 높이기 위한 다양한 시도들을 이어가고 있습니다. 성평등과 사회적 약자에 대한 권익 신장 측면에서도 점진적인 변화가 이루어지고 있으며, 기후 위기 대응, 정신건강 인식 개선, 사회 정의 실현 등 다양한 이슈에 대해 젊은 세대가 주도하는 풀뿌리 운동들이 등장하고 있습니다. 다만, 이들의 사회 전반에 미치는 영향력은 아직 제한적이며, 구조적 연대와 제도적 뒷받침이 더해져야 지속 가능한 변화로 이어질 수 있습니다.

그럼에도 불구하고, 한국 사회는 커다란 가능성을 품고 있습니다. 청년 중심의 프로그램과 혁신 생태계에 대한 깊이 있는 투자가 이뤄진다면, 대한민국은 변화의 흐름을 이끄는 새로운 세대를 길러낼 수 있을 것입니다. 집단적 노력과 문화적 전환을 통해, '버티는 삶'이 아닌 '살아가는 삶'을 실현할 수 있는 사회 – 균형과 포용, 그리고 목적 있는 삶에 뿌리내린 미래는 더 이상 꿈이 아닌, 충분히 도달 가능한 현실이 될 수 있습니다.

> **참고**

- 김지훈, 이수정 (2022). 「한국의 정신건강 문제 해결: 청년 자살과 낙인 해소를 중심으로」. 정신건강저널, 14(3), 255-267.
- 최혜진, 박지현 (2021). 「한국 교육의 전환: 학업 스트레스보다 창의성을 향하여」. 교육리뷰, 29(4), 134-152.
- 유경민 (2023). 「대한민국 청년의 목소리: 워라밸과 정신건강을 위한 움직임」. 청년저널, 17(2), 73-89.
- 이지수, 한민정 (2024). 「한국의 성평등과 소외된 공동체」. 사회정책저널, 33(1), 45-62.
- 권영태, 임은숙 (2022). 「한국의 가족 지원 정책: 보육 및 부모 휴가 제도 분석」. 가족저널, 18(2), 101-115.
- 박도현, 서우진 (2023). 「대한민국 청년 혁신의 육성 방안」. 혁신저널, 11(8), 200-212.
- 한수진, 이민희 (2024). 「희망 있는 미래 만들기: 한국의 사회 개혁」. 사회변화리뷰, 22(3), 147-160.

✦ **여러분의 이야기**

QR 코드를 스캔하시면 이 장을 읽고 떠오른 생각을 기록하고 다른 사람들의 이야기도 읽어보실 수 있습니다. 접속 후 'CHAPTER 6 / 제6장'이라고 적혀있는 영상을 눌러주세요.

학생들에게:
주변 모든 것이 당신에게 '성과'를 요구할 때, 어떻게 자신에게 진정으로 소중한 것들에 집중하나요? 오늘 타인의 기대가 아닌 '나의 목표'를 위한 작은 선택 하나를 한다면 어떤 걸 해보고 싶으신가요?

학부모님에게:
마지막으로 자녀의 기분과 학교 생활은 어떤지 물어본 게 언제였나요? 자녀의 성취만큼이나 정신건강을 지지하는 것은 어떤 모습일까요?

교육자들에게:
학생들이 성적과 등수 너머에 있는 '자기 자신'을 발견할 수 있도록 도우려면 무엇을 해야 할까요? 학업 성취와 더불어 정서적 성장을 도울 수 있는 수업 방식에는 어떤 것이 있을까요?

제7장 :
우리가 살아야 하는 이유

[INT. 카페 — 오후]

카페 한쪽 구석, 따스한 햇살이 번지는 자리에 MINA와 JISOO가 나란히 앉아 있다. 은은한 조명 아래, 주변은 잔잔한 대화와 컵이 부딪히는 소리로 가득하다. 두 사람은 말없이 음료를 들이키며, 저마다의 생각에 잠겨 있다. 정체성에 대한 고민, 앞날에 대한 불안, 그리고 눈에 보이지 않는 압박감이 어깨 위에 내려앉는다. 창밖으로 스며드는 늦은 오후의 햇살이 낡은 테이블 위에 금빛으로 흘러내린다. 고요하지만 깊은, 그런 순간이다.

JISOO

(조용히, 깊은 생각에 잠겨)

"나는 요즘, 내가 왜 존재하는지를 자꾸 생각하게 돼. 삶의 목적이 뭘까… 진지하게 고민하게 된 건 사실 얼마 안 됐어. 어쩌면 이런 고민은 자연스러운 성장의 일부일지도 몰라. 그런데 무서운 건… 그 목적이 시간이 지나면서 달라진다는 거야. 예전엔 모든 걸 걸 만큼 중요했던 것들이, 지금은 너무 멀게 느껴져. 그 변화가 무언가를 잃은 건지, 아니면 새로 시작하는 건지… 가끔은 나도 잘 모르겠어."

MINA

(고개를 끄덕이지만, 시선은 허공을 향해 있다)

"나도 그랬어. 예전엔 인생의 목적이란 건 분명히 정해져 있고, 그걸 절대 놓치면 안 되는 거라고 믿었어. 근데 요즘은 조금 생각이 달라졌어. 목적이라는 게 한 방향으로 곧장 나아가는 선이 아니라, 때론 돌고 돌아 나와 함께 자라는 존재일 수도 있겠다는 생각이 들어. 정답은 아직 잘 모르겠지만, 이제는 그게 괜찮다고 느껴. 완벽한 계획보다 더 중요한 건, 계획이 없더라도 그 여정을 받아들이는 법을 배우는 거니까."

JISOO

(작지만 확신에 찬 목소리로)

"그래도… 쉽지는 않잖아. 세상은 늘 우리에게 더 빨리, 더 높이, 멈추지 말라고 말하잖아. 그러다 보면 가끔… 내가 정말 나를 위해 살아가고 있는 건지, 아니면 누군가의 기대에 나를 끼워 맞추며 살아가는 건지 헷갈려."

MINA

(한숨을 쉬며 창밖을 바라본다)

"나는 그동안 남들이 기대하는 모습에 맞추느라, 그냥 계속 열심히 살다 보면 언젠간 내가 뭘 원하고 뭘 위해 살아야 하는지 알게 될 줄 알았어. 근데 앞만 보고 달리다 보니… 정작 그동안 내가 정말 원하는 게 뭔지, 나한테 한 번도 묻지 않았더라. 참 이상하지? 어느 날 문득, 그동안 열심히 달려온 길이 애초에 내 길이 아니었단 걸 깨닫는 순간. 이제는 조금은 알 것 같아. 인생은 모든 걸 완벽하게 해내는 데 있는 게 아니라, 불확실하고 어지러운 속에서도 나만의 의미를 찾아가는 데 있다는걸."

잠시 침묵. 조용한 정적 속에서, JISOO가 망설이며 입을 연다.

JISOO
(목소리에 떨림이 스친다)

"얼마 전까지만 해도… 아침에 눈을 뜨는 것조차 버거웠어. 모든 게 무의미하게 느껴졌고, 마치 텅 빈 방 안에서 소리쳐도 아무도 듣지 못하는 것 같았어. 아무한테도 말하지 않았어. 오히려 더 잘 숨기는 법을 배웠지. 웃으면서 괜찮은 척했지만, 사실은 속으로 무너지고 있었어."

(자신의 손을 내려다보며, 감정에 북받친 목소리로 말한다)

"그리고… 가장 무서웠던 건, 그런 내 모습이 너무 익숙해졌다는 거야. 내가 아무 의미 없는 사람이라고 믿게 되는 게… 어느 순간 너무 쉬워졌어."

MINA
(부드럽게, 조심스럽게 JISOO의 손에 손을 얹으며)

"JISOO야…."

JISOO
(고개를 끄덕이며, 눈에 눈물이 반짝인다)
"어떻게 말해야 할지 정말 몰랐어. 혹시 그 말을 입 밖에 내는 순간, 그 어둠이 진짜가 될까 봐… 너무 무서웠거든. 근데 날 다시 붙잡아준 건 결국 '연결'이었어. 누군가가 내 얘기를 들어준다는 것, 그냥 옆에 있어 준다는 것… 그게 나를 살렸어. 가족은 내가 조금씩 변해가는 걸 알아보기 시작했고, 친구들은 내가 밀어내도 곁에 남아줬어. 그리고 너는…."

(그녀는 MINA를 올려다본다. 눈동자에는 숨김없는 진심이 그대로 드러나 있다.)

"아무 말도 못 할 때 조용히 곁에 있어 줬고, 날 고치려고 들지도 않았어. 말하라고 재촉하지도 않았고. 그냥… 함께 있어 줬어. 그게 나한테 얼마나 큰 힘이 됐는지… 넌 아마 모를 거야. 내가 완전히 무너지고 있었을 때, 너는 내가 마지막으로 붙잡을 수 있는 희망의 끈이었어."

MINA
(눈가에 눈물이 맺히고, 목소리는 겨우 들릴 만큼 작다)
"그게 정말 너에게 힘이 됐다니… 다행이야. 나는 그저… 네가 혼자라는 느낌만은 들지 않았으면 했어."

JISOO
(고개를 끄덕이며, 조심스럽게 입을 연다)
"정말 큰 힘이었어. 내가 말로는 다 설명할 수 없을 만큼.

네가 나를 웃게 해줬던 순간들, 내가 아무 반응도 없었는데도 계속해서 안부를 물어봐 준 시간들… 그 작은 순간들이 내 안의 어둠을 조금씩 걷어냈어. 그 덕분에 나는 무감각한 상태를 벗어나서, 다시 무언가를 '느낄 수 있다'는 걸 알게 됐고… 그렇게 하나씩 쌓인 시간들이, 결국 고통보다 더 단단한 무언가가 되어줬어."

(잠시 침묵)

"어느 날부터 아침에 눈을 뜨는 일이 조금은 기대되기 시작했어. 뚜렷한 이유가 있어서가 아니라, 그냥… 작고 따뜻한 빛 같은 순간들이 있었거든. 친구랑 마시는 프라푸치노, 엄마에게서 온 짧은 메시지, 그리고 '오늘도 나는 살아 있어'라고 말할 수 있는 하루. 그것만으로도 충분했어. 그게 나를 다시 걷게 만들었어."

MINA
(떨리는 목소리지만 눈은 진심을 담아)

"넌 지금 여기 있어. 그 사실 하나만으로도, 정말 큰 의미야. 넌 정말 강한 사람이야, JISOO야. 나는 네 안에 언제나 빛이 있었다고 믿어. 이제는… 너도 그 빛을 조금씩 느낄 수 있었으면 좋겠어."

JISOO
(눈물 사이로 작게 웃으며)

"응. 이제 조금은 알 것 같아. 그건 내가 사람들에게 다가오는 걸 허락하는 법을 배우기 시작했기 때문이야. 이제 혼자서 싸우지 않기로 했어. '연결'이라는 게… 나에게 얼마나 소중한 자원인지, 그제서야 알았어. 그게 내가 살고 싶어졌던 이유였어. 처음엔 내가 그런 걸 필요로 한다는 것조차 몰랐는데… 결국 그게 나를 붙잡아줬어."

(그녀는 MINA의 손을 꽉 쥔다)

"MINA야, 넌 내가 가진 가장 소중한 연결 중 하나야. 고마워. 내가 사라지지 않게 붙잡아줘서. 내가 다시 내 자리로 돌아올 수 있도록, 끝까지 기다려줘서."

MINA
(단단한 목소리로, 온 마음을 담아)
"이제는 절대 혼자 겪지 않도록 할 거야. 나는 항상 여기 있을 거야. 계속 여기 있을 거야. 왜냐면… 넌 정말 소중하니까. 그리고… 진짜 친구가 되어줘서, 나도 고마워."

잠시, 아주 긴 침묵이 흐른다. 말없이 맞잡은 손, 그리고 흐르는 눈물. 그러다, MINA의 목소리가 그 고요를 조심스레 깨운다. 낮고 떨리는 목소리다.

MINA
(조용히)
"… 내가 그동안 아무에게도 말하지 않았던 이야기를 해도 될까?"

JISOO
(그녀를 부드럽게 바라본다)
"물론이지. 뭐든지."

MINA
(손에 쥔 컵을 꼭 쥐며, 시선은 멀지만 감정은 가까워진다. 눈빛은 흔들리고, 입술이 떨린다)

"2년 전… 오빠가 세상을 떠났을 때, 우리 가족 안에서 무언가가 완전히 무너졌어. 마치 슬픔이 전염병처럼 퍼져나갔고, 우리는 이 일이 우리에게 벌어진 일이라는 사실조차 믿지 못했어."

(눈가에 분노와 슬픔이 엇갈린다)

"오빠는 엄마, 아빠에게 모든 것이었어. 반에서 1등, 착하고 재능 많고… 완벽한 아들이었지. 엄마, 아빠는 오빠를 마치 세상에 자랑하는 트로피처럼 여겼어. 오빠가 떠났을 때, 그들은 단지 아들을 잃은 게 아니라, 우리 가족이라는 정체성 자체를 잃어버린 것 같았어. 그리고… 제일 괴로웠던 건, 내가 그리움의 빈자리를 대신 채우는 사람이 되어버렸다는 거야.
그 순간부터 나는 더 이상 엄마, 아빠의 딸이 아니었어. 나는 두 번째 기회, 오빠의 대체자가 되어 있었어. 그렇게 느끼는 게 끔찍하다는 걸 알지만… 그땐 정말 그렇게 느껴졌어. 그 기대에 맞춰 가려 애쓸수록, 내 존재는 점점 사라져갔고… 결국 나는 나 자신을 잃었어."

JISOO
(입술을 앙다물고, 숨조차 멎은 듯)

"그랬구나…."

MINA
(목소리가 갈라지고, 눈물은 조용히 떨어진다)

"나는 오빠를 대신할 수만 있다면, 엄마 아빠가 날 인정해 줄 거라고 믿었어. 오빠의 그림자를 따라가느라, 나는 내 그림자를 잃어버렸어. 계속 밀어붙였고, 결국 나도 부서졌어. 기계처럼, 해야 할 일만 반복했어. 웃고, 공부하고, 괜찮은 척하고… 그러면서 점점 더 지쳐갔고, 외로웠어."

(잠시 침묵. 그녀는 깊이 숨을 쉰다)

"항상 들리는 말은 '더 잘해야 한다'였어. 근데 그 '더 나은 나'는 결국 내가 아니라 오빠였던 거야. 그러다 문득 이런 생각이 들었어.
'내가 사라지면, 내가 사라졌다고 느낄까?
아니면… 단지, 기대에 못 미친 누군가가 사라졌다고만 생각할까?'"

JISOO
(그녀의 손을 조심스럽게 잡고, 단호하게)
"어떻게 그런 일이… 누구도 너를 그렇게 대해서는 안 돼."

MINA
(눈물이 흐르지만, 그녀의 목소리는 이제 더 차분해진다.)
"맞아. 지금은 알아. 그리고… 이제는 엄마, 아빠도 조금씩 현실을 마주하고 있어. 많은 시간이 걸렸지만, 이제는 진심으로 슬퍼하고 있어. 그리고… 노력하고 있어. 그게 진짜야."

(조용히 미소 지으며 말을 잇는다)
"이제는 내 이야기를 들어주셔. 내가 자랑스럽다고 말해 줘. 오빠의 대체자가 아니라, '나' 그 자체로. 내 선택을 지지해 줘. 완벽하진 않지만… 그게

중요한 거야. 그게 나에게 정말 큰 위안이 돼."

JISOO
(작은 숨을 내쉬며, 놀람과 기쁨이 섞인 목소리로)
"정말 다행이야… 너희 부모님이 노력하고 있다는 게. 넌 그 누구보다 인정받을 자격이 있어, MINA야."

MINA
(눈가에 남은 눈물을 닦으며, 조용한 미소를 지어 보인다)
"이제는 삶이 다시 가능하다고 느껴져. 드디어 숨 쉴 수 있게 된 것 같아. 더 이상 애쓰지 않아도 괜찮다는 생각이 들어. 그냥… 거기에 있어도 된다는 감각. 그게 나를 살게 해."

JISOO
(조용한 평화로운 미소를 지으며 웃는다)
"바로 그거야. 삶이 복잡하고 불확실하더라도, 우리는 우리만의 이유를 찾아가. 완벽을 위해서가 아니라, 의미를 위해서 사는 거야. 우리 자신을 위해서."

(잠시 숨을 멈춘 뒤, 조용히 말을 이어간다)
"그게… 나를 구했어. 이제는 나 자신과 싸우지 않기로 했고, 남들의 이야기 속에서 나를 증명하려 하지 않아. 작은 걸음부터 시작했어. 도움을 요청하고, 사람들을 받아들이는 것부터. 그리고 결국 알게 됐어. 치유는 직선처럼 나아가는 게 아니라는 걸. 치유는 고된 하루를 견뎌내고도 다시 일어서는 거고, 예상하지 못한 순간에 웃을 수 있는 거고, 조금 더 인간답게 느낄 수 있게 되는 거라는 걸."

두 사람은 조용히 손을 맞잡고, 서로의 눈을 바라본다.

이 순간, 그들 사이에 흐르는 것은 말이 아닌 온기다. 이야기는 이제 전환점을 맞이한다. 거대한 해답이 아니라, '사라지지 않겠다는 약속'이라는 작고 단단한 선택에서. 두 사람은 안다. 살아가는 이유가 거창한 성취 속에 있지 않다는 걸.

진짜 이유는…
함께 있다는 것.
들어주는 것.
그리고, 다시 또다시, 서로를 선택하는 것.

[FADE OUT]

[EXT. 서울의 어느 건물 옥상 – 저녁]

MINA는 옥상에 홀로 서 있다. 발밑 차가운 콘크리트는 단단히 그녀를 붙잡고 있지만, 시선은 멀리, 밤하늘 아래 펼쳐진 서울을 향해 있다. 도시의 불빛들은 끊임없이 반짝이며, 하나하나가 살아 있는 이야기, 고난, 꿈들이 모여 만들어낸 복잡한 모자이크처럼 춤을 춘다. 그 모든 것이 숨이 멎을 만큼 아름답다. 이 높은 곳에서는 일상의 혼잡함마저도 일종의 예술처럼 느껴진다. 불확실한 미래도 더 이상 위협이 아니라, 어쩌면 약속처럼 다가온다.

한때 그녀를 짓눌렀던 무게 - 끝없는 기대, 자신에 대한 의심, 사라질 듯한 존재감 - 그 모든 것들은 여전히 그림자처럼 그녀 곁에 머물지만, 더 이상 그녀를 정의하지 않는다. 지금 그녀를 채우는 것은 다른 감정이다. 그것은 조용하지만 단단한 힘, 희망이다.

MINA는 깊게 숨을 들이쉬며 차가운 공기를 폐 깊숙이 받아들인다. 그녀는 이곳까지 걸어온 여정을 떠올린다. 한때는 천장을 응시하며 침묵 속에 밤을 지새웠고, 포기라는 단어를 입안에서 굴리던 날도 있었다. 그러나 그 순간들 속에서, 그녀는 부정할 수 없는 진실 하나를 발견했다. 계속 살아가야 할 이유는 사라지지 않았다는 것.

왜 이 세상은 이토록 많은 이들에게 무거울까. 왜 사람들은 타인의 기대에 눌리고, 두려움에 침묵하며, 시간이 부족하다는 강박 속에 쫓기듯 살아가는 걸까. 아무도 자신에게 얼마나 시간이 남았는지 모르면서, 모두가 끝없는 시계를 향해 달려간다. 하지만 MINA는 이제 안다. 의미는 한 번 찾아 붙잡는 것이 아니라, 날마다 새롭게 쌓아가는 것임을.

미래는 여전히 불확실하다. 그러나 이제, 그녀는 그 불확실함을 두려워하지 않는다. MINA는 더 이상 타인의 렌즈를 통해 자신을 바라보지 않는다. 성적이나 칭찬이 아닌, 자신의 회복력과 선택을 통해 자신을 본다. 삶이 그녀를 부수려 할 때마다, 그녀는 다시 일어서는 법을 배웠다.

그녀의 기억은 가장 어두웠던 순간으로 흐른다. 거의 모든 걸 내려놓으려 했던 날들. 하지만 그 깊은 어둠 속에서도, 그녀는 불씨 하나를 품고 있었다. 그것은 크게 외치지 않아도 되는 힘, 취약함 속에서 자라는 힘, 침묵보다 말하기를 택하는 용기였다.

MINA는 자신을 지켜준 이들을 떠올린다. 조용히 옆에 있어 준 친구들, 낯선 이들의 미소, 스쳐 간 멘토들의 말 한마디. 그들은 그녀의 어둠 속에서 반짝이던 작은 불빛들이었다. 그리고 이제, 그녀는 안다. 그들 모두가 하나의 세대를 구성하고 있다는 것을. 침묵 대신 이야기하기를, 인정보다 진정함을 택하는 세대. 이제 그들은 스스로 성공의 의미를 정의하기 시작했다. 정직함, 영향력, 그리고 사과하지 않고 살아가는 삶으로.

도시를 바라보는 그녀의 눈빛은 변해 있다. 한때 그녀를 삼킬 듯 몰아쳤던 두려움은, 이제 가능성으로 바뀌었다. 그리고 거기, 반짝이는 불빛들 사이에, 더 이상 타인의 기대에 짓눌린 소녀는 없다. 이야기를 전할 사람, 변화를 이끌 사람, 침묵을 거부할 목소리를 가진 사람이 서 있다.

MINA
(차분한 확신을 가지고 자신에게 속삭이며)
"나는 살아갈 이유가 있어. 우리 모두에게 있어."

그 말은 고요하지만, 진실로 그녀의 가슴 깊이 스며든다. 그녀의 여정은 이제 막 시작되었다. 그 길은 때론 복잡하고 험난할지라도, 분명히 그녀만의 길이 될 것이다. 왜냐하면, 그녀는 가장 중요한 진리를 깨달았기 때문이다. 인생은 완벽함을 위한 여정이 아니라, 불완전한 순간 속에서 의미를 찾는 여정이라는 것.

MINA는 마지막 숨을 내쉰다. 더는 두려움이 아닌 믿음으로. 세상은 넓지만, 그녀의 목소리도 그만큼 크다. 그리고 이제, 그녀는 혼자가 아니다.

MINA
(미소 지으며, 목소리에는 스스로의 다짐이 가득 담겨 있다)
"이것이 내 삶이야. 그리고 나는 내가 살아갈 이유를 반드시 찾아갈 거야."

그리고 그렇게, 그녀는 한 걸음 내디딘다. 미래로, 미지의 세계로. 희망을 나침반 삼아.
그 순간, 어린 시절이 떠오른다. 먼지 쌓인 디지털카메라, 낡은 스케치 노트, 아무도 읽지 않던 이야기들. 그때도 불꽃은 그녀 안에 있었다. 다만, 잊고 있었을 뿐이다.

이제, 가슴 속에서 고요한 설렘이 다시 일어난다. 아이디어들이 떠오르고, 이야기가 형체를 갖춘다.
이것이 그녀의 길이다. 한 손엔 카메라를, 다른 손엔 꿈을 쥐고, 자신의 손으로 새겨 나갈 길.

그리고 그 순간, MINA는 깨닫는다.

그녀가 태어난 이유로 말할 이야기는, 이제 막 시작되었음을.

[활기찬 도시 장면으로 전환]

내레이션

MINA와 JISOO의 여정은 계속됩니다. 그것은 단순히 삶의 목적을 찾는 여정이 아니라, 자신을 찾아가는 길이기도 합니다. 그들과 함께 우리 또한 스스로에게 묻게 됩니다.

나는 누구인가?

나는 무엇을 사랑하고, 무엇을 두려워하는가?

무엇을 위해 싸울 준비가 되어 있으며, 무엇을 기꺼이 놓아줄 수 있는가?

이 세상은 끊임없이 우리를 어떤 사람으로 규정하려 합니다. 그 속에서 자신의 목소리를 찾는다는 건, 때로는 아주 큰 용기를 필요로 하는 일입니다. 어쩌면 진정한 행복은 완벽해지는 데 있지 않습니다. 오히려 진실하게 살아가고, 아낌없이 나누며, 스스로 자랑스러울 수 있는 사람이 되어가는 그 과정에 있는 것인지도 모릅니다.

이 여정은 끝나지 않았습니다. 아니, 이제 막 시작되었을 뿐입니다.

그렇다면 당신에게는 살아갈 '이유'가 있나요?

✧✦ **여러분의 이야기**

QR 코드를 스캔하시면 이 장을 읽고 떠오른 생각을 기록하고 다른 사람들의 이야기도 읽어보실 수 있습니다. 접속 후 'CHAPTER 7 / 제7장'이라고 적혀있는 영상을 눌러주세요.

학생들에게:
아무도 바라보지 않고, 아무것도 증명하지 않아도 될 때 여러분이 진심으로 기쁨을 느끼는 순간은 언제인가요? 만약 예전의 여러분처럼 힘든 시간을 지나고 있는 누군가에게 단 한마디를 전할 수 있다면, 그들이 혼자가 아님을 느낄 수 있도록 어떤 말을 해주고 싶나요?

학부모님에게:
방과 후 프로그램이나 성적을 넘어서 어떻게 하면 자녀가 진정으로 기쁨을 느끼고 영감을 받을 수 있는 것을 발견하도록 도울 수 있을까요? 그리고 그 여정 속에서, 자녀의 행복을 어떻게 지켜줄 수 있을까요?

교육자들에게:
학생들이 단지 학문적으로만이 아니라, 불완전하고 변화하는 '한 사람'으로 성장할 수 있도록 교실 안에서 우리는 어떤 공간을 만들어줄 수 있을까요?

[끝]

체크리스트:
살아야 하는 이유 찾기

희망을 품고 살아갈 이유를 찾고, 자신의 정체성을 확립하는 과정은 변화를 이끄는 여정이 될 수 있습니다. 이는 매우 개인적인 여정으로, 시간과 성찰, 용기가 필요합니다. 살아갈 이유가 많이 필요는 없습니다. 단 하나만 있어도 충분합니다. 잠시 멈춰 서서 진정으로 자신을 이끄는 것이 무엇인지 생각해 보세요.

[청소년]

- ☐ 성적, 역할, 기대를 넘어서 **진정한 정체성을 발견하기**
- ☐ 나를 이해해 주는 친구들, 멘토들, 그리고 공동체와 함께 **진정한 관계를 맺어보기**
- ☐ 어떤 형태이든 상관없이 **사랑을 경험하기**
- ☐ 크든 작든, 조용하든 파격적이든 **자신의 진정한 꿈을 찾고 추구하기**
- ☐ 내 삶, 다른 사람들의 삶, 혹은 세상에서 **변화를 만들어보기**
- ☐ 내 목소리, 내 아픔, 내 생각, 내 존재 자체가 중요함을 깨닫기
- ☐ 일출, 음악, 웃음, 이야기 등 **작은 것들 속에서 아름다움을 찾아보기**
- ☐ 고난을 통해 성장하고 **자신에게 자랑스러운 사람이 되기**
- ☐ 남을 돕고 누군가를 일으킬 때 나 **자신만의 목적을 찾아보기**
- ☐ 두려움이 아닌 희망과 선택으로 **내 이야기를 써 나가기**

- ☐ 나를 아프게 했던 것들로부터 치유하고, **내 가치를 찾아보기**
- ☐ 오늘이 아무리 힘들어도 내일은 다를 수도 있다는 믿음을 가지기
- ☐ 한 가지 목적, 운동, 혹은 공동의 꿈을 향해 **더 큰 무언가의 일부가 되어보기**
- ☐ 사람들, 가능성들, 미지의 것들을 통해 **세상을 탐험해 보기**
- ☐ 살아남고, 극복하고, 성장할 수 있다는 것을 **나 자신에게 증명해 보기**

[청년]

- ☐ 부모님, 선생님, 사회가 정해준 길이 아닌, **오직 나만의 진짜 길을 찾아보기**
- ☐ **실수하고 그로부터 배우며 성장하기** – 인생은 모든 걸 정답처럼 맞추는 것이 아니라, 배우고 넘어지며 나아가는 여정입니다.
- ☐ **진정한 사랑과 연결을 경험해 보기** – 연애, 우정, 공동체 속에서의 깊은 인간적 연결은 인생에 의미를 더해줍니다.
- ☐ **나만의 것을 만들어보기** – 직업, 관계, 열정을 쏟을 프로젝트, 또는 마침내 '이게 나다'라고 느껴지는 삶을 만들어보세요.
- ☐ **생산성 너머의 목적을 찾기** – 이렇게 생각해 보세요: '나는 내 직함이나 통장 잔액 이상의 존재야. 내 존재, 내 친절, 내 목소리는 중요해.'
- ☐ **세상을 새롭게 바라보고 탐험하기** – 새로운 장소, 사람, 아이디어들은 나 자신과 인생의 가능성을 완전히 바꿀 수 있습니다.
- ☐ **다른 사람들이 외롭지 않도록 돕기** – 당신의 여정, 자신의 이야기가 누군가에게는 큰 위로와 희망이 될 수 있습니다.
- ☐ **예상치 못한 순간에서 기쁨 발견하기** – 함께한 식사, 일몰, 따뜻한 한마디. 이런 순간들이야말로 인생의 본질입니다.
- ☐ **어린 시절의 나에게 필요했던 사람이 되어보기** – 더 지혜롭고, 더 부드럽고, 더 단단해진 지금의 당신은 그 사람이 될 수 있어요.

- ☐ 변화를 두려워하지 않고 받아들이기 – 당신의 20대와 30대는 끝이 아니라 시작입니다.
- ☐ 질문을 품고 살아가기 – 아직 답을 몰라도 괜찮아요. 질문을 던지는 그 자체가 앞으로 나아가는 힘이 됩니다.

[노년]

- ☐ **외로움이 아닌 사랑으로 기억되기** – 당신의 이야기, 친절, 존재는 당신이 스쳐간 사람들의 마음 속에 깊이 울려 퍼지고 있습니다.
- ☐ **지혜를 전하기** – 당신의 말이 누군가에게는 인생을 바꿀 조언이 될 수 있습니다. 당신이 살아온 삶은 그 자체로 소중해요.
- ☐ **다음 장을 지켜보기** – 세상은 끊임없이 변하죠. 그 변화를 조용히 지켜보는 것만으로도 깊은 아름다움이 있습니다.
- ☐ **잊고 지낸 꿈들을 다시 꺼내 보기** – 그림을 그리고, 글을 쓰고, 춤을 추고, 정원을 가꾸고… 마음이 이끄는 새로운 시작을 해보세요.
- ☐ **위로와 존재감 나누기** – 따뜻한 한마디, 조용한 경청, 함께 있는 것만으로도 누군가에게는 큰 힘이 됩니다.
- ☐ **과거와 화해하기** – 아픈 기억을 억지로 지우는 것보다는 부드럽게 다루어 용서하고, 보내주세요.
- ☐ **작은 것에서 기쁨을 발견하기** – 뜨거운 커피 한 잔, 익숙한 노래, 따뜻한 인사 한마디. 이런 순간들이야말로 삶을 반짝이게 만듭니다.
- ☐ **희망의 유산 남기기** – 당신의 힘과 회복력은 앞으로의 세대를 위한 빛이 될 수 있습니다.
- ☐ **다시 사랑하기** – 그것이 꼭 낭만적인 사랑이 아니어도 괜찮습니다. 손자나 손녀의 포옹, 친구의 목소리, 마음을 따뜻하게 만드는 기억들 속에서 사랑

을 느껴보세요.
- ☐ **당신은 여전히 중요합니다** – 언제나, 여전히, 당신은 소중한 존재입니다.

다음은 그 여정을 함께 밝혀줄 단순하지만 강력한 몇 가지 조언입니다. 이 조언들은 삶의 이유를 발견하고, 정체성을 키우며, 길이 불확실하게 느껴질 때도 희망을 품고 앞으로 나아가는 데 도움이 될 수 있습니다.

- **자신의 열정을 탐색하세요**: 당신을 진심으로 끌어당기고, 마음 깊이 만족감을 주는 것이 무엇인지 찾아보세요. 그것이 그림이든, 과학이든, 글쓰기, 요리, 이야기 만들기든 관심 있는 것을 따라가다 보면 자연스럽게 더 깊은 목적의식을 발견하게 됩니다.

- **개인적인 목표를 설정하세요**: 자신의 가치관과 열정에 기반한 작고 실현 가능한 목표를 세워보세요. 그 목표가 진로든, 학업이든, 개인적 성장이든 상관없습니다. 목표를 향해 한 걸음씩 나아갈 때마다, 당신은 의도적으로 삶을 만들어가고 있다는 확신을 얻게 될 것입니다.

- **자기 연민을 배워보세요**: 당신의 가치는 타인의 기준이나 기대에 의해 결정되지 않습니다. 완벽하지 않아도 괜찮습니다. 실수해도 괜찮습니다. 성장을 위한 시간, 쉼, 다시 시작할 수 있는 용기를 자신에게 허락해 주세요. 자기 자신에게 친절하게 대하는 것은 약함이 아니라 강인함의 증거입니다.

- **당신을 지지하는 사람들과 연결되세요**: 당신을 격려하고 진심으로 이해해

주는 사람들과 함께하세요. 친구, 가족, 멘토… 안전하고 존중받는 관계 안에서 우리는 더 강해질 수 있습니다. 혼자가 아님을 느끼는 것만으로도, 버티는 힘은 배가됩니다.

- **당신의 가치를 되새기세요:** 당신에게 진정 중요한 것은 무엇인가요? 어떤 사람이 되고 싶은가요? 당신의 삶을 그 가치에 맞춰 살아가다 보면, 어떤 상황에서도 흔들리지 않는 내면의 나침반을 갖게 될 것입니다.

- **도전을 받아들이세요:** 삶은 예측할 수 없는 여정이지만, 그 안에 있는 도전은 우리를 단단하게 만듭니다. 실패와 고난 속에서도 의미를 발견하고, 성장의 기회로 삼아보세요. 도전은 결국 당신의 이야기를 더욱 깊이 있고 아름답게 만듭니다.

- **감사하는 마음을 실천하세요:** 작은 기쁨들을 인식하는 것만으로도 삶은 더 따뜻하게 다가옵니다. 햇살, 웃음, 한 끼 식사, 친구의 손길… 이 모든 것들이 삶의 본질입니다. 감사함은 현재를 사랑하게 만들고, 희망을 키우는 밑거름이 됩니다.

- **변화와 성장을 기꺼이 받아들이세요:** 당신의 정체성은 고정되어 있지 않습니다. 변화하고, 실수하고, 다시 자신을 발견하는 여정 속에서 우리는 조금씩 더 나아집니다. 자신을 새롭게 만나고 싶은 용기를 가져보세요. 그 안에 수많은 가능성이 숨어 있습니다.

- **타인을 돕는 일을 통해 의미를 찾으세요:** 작은 친절이라도 누군가에게는 세상을 바꾸는 힘이 될 수 있습니다. 타인을 돕는 일은 당신 자신의 존재 가치

를 더욱 깊이 느끼게 해줍니다. 우리는 연결되어 있을 때, 더 강하고 따뜻한 존재가 됩니다.

- **필요할 땐 전문가의 도움을 받으세요:** 길을 잃었다고 느껴질 때, 너무 무거운 감정에 눌릴 때, 혼자 감당하지 마세요. 상담사나 치료사와의 대화는 당신의 마음에 길을 내주는 중요한 첫걸음이 될 수 있습니다. 당신은 결코 혼자가 아닙니다.

삶의 이유는 한 번에 완성되는 것이 아닙니다. 그것은 끊임없이 만들어지고, 변하고, 깊어지는 당신만의 여정입니다. 희망을 잃지 말고, 자신의 목소리를 믿으며, 오늘 하루 속에서 작은 목적을 발견해 보세요. 그 여정이 모여, 결국 당신만의 충만하고 의미 있는 삶이 만들어질 것입니다.

| EPILOGUE |

By Christopher HK Lee

5,000년 전, 이집트인들은 웅장한 피라미드를 세웠습니다. 그 이후로 인류는 많은 전쟁을 겪었고, 달에 도달했으며, 세계적인 팬데믹을 이겨냈습니다. 이제 우리는 AI가 주도하는 새로운 시대를 살아가고 있습니다. 그러나 시간이 흘러도 인간은 여전히 생존, 불확실성, 그리고 삶의 의미를 찾기 위한 멈추지 않는 고민 속에 있습니다.

앞으로 다가올 도전들은 더 크고 다양할 것입니다. 전쟁과 우주 탐사, 그리고 지구 너머 존재할지도 모르는 생명을 발견하려는 노력까지 이어질 것입니다. 그러나 무엇보다 중요한 것은 우리가 어떻게 살아갈 것인지에 대한 선택입니다.

어린 시절부터 우리는 끊임없이 평가받고 기대에 부응하며 살아가는 법을 배워왔습니다. 더 나은 미래를 위해 열심히 공부하고, 규칙을 따르고, 성공을 위해 달려왔습니다. 하지만 그러한 반복과 책임 속에서 진정한 행복은 쉽게 놓쳐버리곤 합니다.

삶은 보통 세 가지 주요한 단계를 거칩니다. 어린 시절 말을 하고 걷는 것으로 시작해, 20년 이상 교육을 받고, 그 후 40년간 직장에서 일하며 노후를 준비합니다. 결국 더 나은 삶을 위해 살아가는 것인데, 왜 우리는 그 과정에서 행복을 온전히 누리지 못할까요? 현실은 더 나은 삶을 약속하지 않으며, 때로는 그것을 꿈꾸기도 전에 생을 마감하기도 합니다.

현대 사회는 하루 8시간 이상 일하기를 요구합니다. 매일 아침 눈을 떠 일터로 향하고, 집으로 돌아와 하루를 마무리하는 반복되는 일상 속에 우리는 더 높은 성취와 풍요로운 삶을 기대합니다. 그러나 그러한 꿈이 이루어질 날이 올 때까지 남아 있는 시간은 얼마나 될지 생각해 보았나요?

기술은 우리의 삶을 편리하게 할 목적으로 발전했지만, 그로 인해 새로운 불안을 낳기도 했습니다. 예를 들어 자율주행차는 우리의 시간을 절약해 주지만 동시에 내가 점점 필요 없어질 수 있다는 두려움을 줍니다. AI의 발전도 마찬가지입니다. 우리를 압박하는 여러 걱정들이 끊이지 않습니다.

그러니 잠시 멈춰보세요. 숨을 고르세요.

우리가 걱정해야 할 것은 더 큰 피라미드를 짓거나 달에 집을 짓는 일이 아닙니다. 그렇다면 우리는 왜 이렇게 긴장으로 점철된 나날을 보내야 할까요? 중요한 것은 다음에 이룰 대단한 성취가 아니라 지금 이 순간에서 기쁨을 찾는 것입니다. 속도를 늦추세요. 주변을 둘러보세요. 계절이 변하고 꽃이 피는 순간들을 느껴보세요. 인생은 더 많은 것을 소유하는 데 의미가 있는 것이 아니라, 이미 가진 것을 소중히 여기며 이를 즐기는 데 있습니다. 고급 자동차를 모는 이도 있지만, 오래된 차도 목적지까지 데려다준다는 사실을 잊지 마세요. 중요한 건 자동차의 가격이 아니라 그 차 안에서의 여행입니다.

우리는 모두 살아갈 이유를 지니고 있습니다. 그 이유는 우리 내면 깊숙한 곳에 존재합니다. 창의력, 열정, 그리고 매일의 순간들을 아름답게 만드는 능력에서 출발합니다. 비록 모든 것을 알고 싶고 이루고 싶어 해도, 진정한 지혜는 이미 내 손안에 있는 것을 받아들이는 데 있습니다. 완벽하지 않은 인생 속에서도 깊은 의미를 발견할 수 있습니다. 아무것도 없어 보이는 순간에도 씨앗 하나를 심어보세요. 그것이 자라는 과정을 지켜보며, 모든 것은 그 시기에 맞게 성장한다는 것을 깨달을 것입니다.

'자살'이라는 단어는 알고 있었지만, 그것이 나에게 직접 다가올 수 있다는 점은 전혀 상상하지 못했습니다. 저는 다른 사람들에게 영향을 주기 위해서가 아니라, 단순히 창작하는 것을 즐기며 살아왔습니다. 다른 사람들이 제 작품을 쓸모없다고 여길지라도, 저는 그 길을 포기하지 않았고, 돈에 대해서도 큰 신경을 쓰지 않았습니다. 그러나 무언가를 이루다 보면 돈이나 더 큰 기회는 자연스럽게 따라오게 마련이었습니다. 저를 가장 크게 압박했던 스트레스는 실패에 대한 두려움이나 다른 이들의 반응이 아니었습니다. 오히려, 제가 너무 많은 것을 만들어내고 있다는 생각이었으며, 이러한 부담을 끝내기 위해서는 내 삶까지 멈춰야만 할 것 같다는 절망이었습니다. 하지만 그 순간, 사랑하는 사람들과 함께해야 할 일들이 떠오르면서, 나의 한 순간의 잘못된 생각이 얼마나 많은 사람들에게 상처가 되고 아픈 기억이 될지에 대한 두려움이 밀려왔습니다. 그리고 사랑하는 사람들과 아직 경험해야 할 다른 멋진 것들에 대해 생각해 보았습니다.

제가 그 두려움을 어떻게 극복했는지 아시나요? 제가 불가능하다고 생각했던 일을 해냈기 때문입니다. 정원에 꽃을 심기 시작했고, 이제는 집 주변뿐만 아니라 동네 전체에 꽃을 심고 있습니다. 잡초를 뽑고, 물을 주고, 청소하는 것은 힘들지만, 지나가는 사람들이 "정원이 정말 아름다워요, 이렇게 해주셔서 감사합니다."라고 말할 때 깨닫습니다. 이것이 제가 살아가는 또 하나의 이유임을. 식물과 꽃을 돌보고 이웃들과 대화를 하면서 육체적으로 힘들어도 또 다른 삶의 이유를 찾았습니다. 계절의 변화를 보며 작은 것들 속에서 희망을 발견하고, 낙엽이 떨어져도 내년에 다시 돌아올 것을 알기에 슬프지 않습니다.

저는 끊임없이 새로운 것을 창조하고 가꾸며 그것이 나의 운명임을 받아들였습니다. 실패를 두려워하지 않는 이유는 이것이 제가 선택한 길이기 때문입니다. 지치고 끝이 보이지 않을 때면 잠시 멈춰 정원에 물을 줍니다. 현재 연구하고 만들어가는 일들과 정원을 가꾸는 일들은 제가 선택한 일이기에 후회하지 않습니다. 그것이 제 길이자 매일 살아가는 목적입니다. 계절의 변화 속에서 색이 변하고, 식물과 나무들이 자라는 모습을 보며 행복하게 살아가는 이유를 찾습니다. 많은 사람들이 끝없는 어둠 속에서 이 선물을 놓치고 있습니다. 이것은 사치가 아닙니다. 그것은 존재의 본질이며, 인간과 자연이 조화를 이루는 곳에서 진정한 의미를 찾을 수 있습니다.

자신을 표현하는 법을 배우세요. 좋아하는 것과 싫어하는 것을 다른 사람에게 말하세요. 한국 문화에서는 타인이 한 말을 외우고 보고서를 작성하는 데 익숙하지만, 스스로를 표현하지 못했습니다. 이제 그 벽을 허물어야 합니다. 건설적인 대화를 나누고, 비판받더라도 방어적이지 않기를 권합니다. 우주는 우리가 생각하는 것보다 훨씬 큽니다. 손바닥이나 스마트폰에 갇혀 있는 것이 아닙니다. 밖에 나가 신선한 공기를 마시고, 꽃 냄새를 맡으며 자연의 소리를 들으세요. 여러분은 이 광활한 세계의 일부이며, 그것을 누릴 자격이 충분합니다.

미래는 불확실하지만 두려움 속에서 살 필요는 없습니다. 우리는 모든 것을 통제할 수 없지만, 오늘 하루를 다스릴 힘은 있습니다. 내리는 모든 결정은 삶의 영화 속 한 장면입니다. 어떤 날은 성공하고 어떤 날은 넘어지기도 하지만, 매일 우리는 앞으로 나아가고 있습니다. 그것이 중요합니다. 행동하고 살며 경험하는 것입니다. 기대에 갇히지 말고, 두려움에 눌려 움직이지 않기를 바랍니다.

여러분은 혼자가 아닙니다. 다른 사람의 기대를 위해 살 필요는 없습니다. 살아갈 이유는 바로 여러분 안에 있으며 그것은 이상적인 성공의 모습이 아니라, 현재의 나 자신과 앞으로 변화할 모습에 관한 것입니다. 포기하고 싶은 날은 다시 시작하기로 결심하는 날입니다. 오늘이 바로 내일의 시작입니다.

인생은 짧고, 시간은 우리가 느끼는 것보다 훨씬 빠르게 흘러갑니다. 그러나 불확실한 내일을 위해 끝없이 달릴 필요는 없습니다. 오히려 지금 이 순간, 아름답고 유한한 삶을 제대로 누리기 위해 살아야 합니다. 우리의 시간은 너무 자주 타인의 기대, 성과, 혹은 사회적 기준들에 얽매여 흘러가 버립니다. 하지만 결국 중요한 것은 바로 여러분 자신의 행복과 평온한 마음입니다.

주변에 펼쳐진 작은 아름다움에 집중해 보세요. 변화하는 계절의 흐름을 눈으로 느끼고, 하늘의 색채와 바람 속의 멜로디를 경험하며, 지금 이 순간에 호흡하세요. 더 많은 성공을 쫓기보다는, 지금을 살아가는 것 그 자체가 여러분 삶의 진정한 목적입니다. 이미 충분히 잘하고 있다는 사실을 잊지 마세요. 작게나마 한 걸음씩 나아가는 것도 결국 의미 있는 여정의 일부입니다.

두려움 앞에서 멈춰 서야 할 때가 오더라도, 그것이 끝이 아님을 기억하세요. 새로운 시작이 기다리고 있고, 이전과는 전혀 다른 길이 열릴 것입니다. 여러분의 인생 이야기에는 아직 채워질 챕터들이 많이 남아 있습니다. 인생은 목적지가 아닌 여정 그 자체이며, 그 여정을 어떤 방향으로 빚어갈지는 오롯이 여러분에게 달려 있습니다. 그러니 앞으로 다가올 길을 넉넉한 마음으로 받아들이고, 창의적인 생각과 용기를 바탕으로 계속 전진하세요. 삶의 이유는 늘 존재하며, 그 이유를 발견하는 것은 여러분의 몫입니다.

어떤 이는 창조하고, 어떤 이는 소비하며 살아갑니다. 그러나 그 역할이 무엇이든, 우리는 모두 한 편의 위대한 서사시 속 일부라는 점에 변함이 없습니다. 그러니 여러분만의 이야기를 써 내려가세요.

기쁨과 의미, 그리고 사랑이 가득한 이야기로 인생을 채워보세요.
그것이 바로 우리가 살아가는 진짜 이유이며,
여러분이 삶 속에서 찾아야 할 진정한 목적입니다.

By MINAH Son

학구열이 높기로 유명한 서울 대치동에서 자란 저는, 흔히 말하는 '대치동 키즈'였습니다. 대치동에서는 많은 아이들이 네 살이라는 어린 나이에 사설 학원에 등록되어 원치 않는 경쟁의 레이스를 시작합니다. 중학생이 되면 고등학교 과정을 미리 끝마친 학생들이 대부분입니다. 이런 조기 교육은 깊이 있는 이해를 위한 것이 아닌, 오직 악명 높은 대학 입시 시험인 수능에서 경쟁 우위를 점하기 위한 전략입니다. 그 순간부터 교육은 곧 반복과 인내, 그리고 선별의 동의어가 되죠. 학생들은 수년간 수많은 모의고사를 반복하고, 이해보다는 전략적 패턴 인식을 위한 암기에 몰두합니다.

이 시스템의 악명은 더 이상 한국에만 국한되지 않습니다. 유튜브에서 '수능 영어'만 검색해 봐도 그 난이도와 비현실성을 쉽게 확인할 수 있습니다. 시험에는 시대에 뒤떨어진 어휘와 모호한 표현, 심지어 영어 교수조차 이해하기 어려운 복잡한 문장 구조가 흔하게 등장합니다. 아이러니하게도, 이 영역에서 만점을 받은 많은 학생들은 원어민과 5분간의 기본적인 대화조차 나누지 못합니다. 복잡한 구절을 해독하고 문법적 이상을 식별하는 훈련은 잘 되어 있지만, 유창하거나 즉흥적으로 소통하는 능력은 부족한 것이죠. 그 결과, 서류상으로는 뛰어난 점수를 받지만 언어가 제공해야 하는 기능적 기술은 부족한 학생들이 양산됩니다.

가장 우려스러운 사실은 이 간극이 '부작용'이 아니라 의도된 결과라는 점입니다. 정책 입안자와 교육자 모두가 이 문제를 인식하고 있지만, 교육 시스템은 여전히 선별 기능에 초점을 맞추고 있기 때문에 변화가 없습니다. 해마다 더 많은 학생들이 수능에 필요한 내용을 능숙하게 숙달하면서, 점수에 따라 학생들을 등급화해야 한다는 압박도 계속됩니다. 학생들을 백분위 범위로 분류하고 대학 서열에 따라 배치하려는 이 같은 순위 매기기와 선별의 필요성은 시험의 지속적인 복잡성과 자의성을 불러옵니다. 개혁 논의는 반복되지만, 경쟁의 기제가 의도한 대로 작동하기 때문에 실제로 실행되는 경우는 거의 없습니다. 결국, 지금의 시험은 학생을 교육하는 것이 아니라 걸러내는 데 목적이 있는 셈입니다.

매년 학업 스트레스와 대학 입시로 인한 부담으로 스스로 목숨을 끊는 한국 학생들의 수가 많아져만 가는 것을 바라보며 저는 안타까움과 무력감을 느낍니다. 이들의 선택을 두고 사람들의 의견은 갈립니다. 어떤 이들은 한국 사회의 살인적인 입시경쟁과 고질적인 학벌중시 사회가 학생들을 죽음으로 내몰고 있는 핵심원인으로 바라보는 한편, 다른 이들은 이러한 비극을 개인적인 나약함으로 축소하고 정신건강 문제로 규정합니다.

하지만 어느 견해가 더 진실에 가까운지 논쟁하기 전에, 분명히 말할 수 있는 것이 하나 있습니다. 오늘날 우리 사회의 교육을 둘러싼 갈등은 결코 정상적이지 않다는 사실입니다. 학벌 중심의 엘리트주의가 낳은 구조적 차별을 직접 경험한 부모들은 자녀가 어떤 대가를 치르더라도 다른 아이들보다 먼저 시작해야 하는 시스템을 구축했습니다. 더 나은 미래에 대한 그들의 희망은 세계에서 가장 과열된 교육 환경을 유지하는 데 일조했으며, 사교육 산업은 아이들의 어린 시절과 가정 경제를 크게 좌우합니다. 구조 속에서 개인에게만 책임을 묻는 것은 불공정합니다. 빠져나갈 길이 없는 시스템에 무너진 이들을 어떻게 탓할 수 있을까요.

제가 '알고 있던' 누군가를 처음으로 잃어본 것은 중학생이던 2017년, 샤이

니의 리드 보컬 종현이 세상을 떠났을 때였습니다. 그날을 생생하게 기억합니다. 친구들은 눈물을 흘리며 학교에 왔고, 몇 주 동안 평소의 모습으로 돌아가지 못했습니다. 오랜 우울증 끝에 세상을 떠난 그의 죽음은 단지 유명인 하나의 자살이 아니라, 같은 시대를 살아가던 우리 모두의 슬픔이었습니다. 이후에도 설리, 구하라, 문빈… 너무 많은 이름들이 스쳐 지나갔습니다. 이제는 모두 기억하기조차 어렵습니다. 하지만 비극은 멈추지 않습니다. 최근에는 할머니 댁 맞은편 아파트에 살던 한 소년이 학업 스트레스를 견디지 못하고 세상을 떠났습니다. 그는 내가 아는 수많은 아이들과 다르지 않았습니다. 어쩌면, 나 자신과도 그리 다르지 않았습니다.

한때 저는, 어른이 된다는 것은 자연스럽게 더 많은 사람을 알고, 따라서 불가피하게 더 많은 자살 소식을 접하게 되는 것이라고 믿었습니다. 이 감정의 소진이 세월의 자연스러운 일부라고 생각했습니다. 그러나 이제는 그것이 자연스러운 일이 아니라 문화의 결과였음을 압니다. 우리는 고통을 정상화하고, 특히 청소년의 감정적 어려움을 '나약함'으로 치부하는 문화 속에 살아왔습니다.

한국에서 유명인의 자살은 잠깐의 애도로 소비되지만, 깊은 성찰로 이어지지는 않습니다. 언론은 비극을 자극적으로 보도하고, 네티즌들은 인터넷을 위로의 말로 가득 채웁니다. 그러나 며칠만 지나면 우리는 다시 일상으로 돌아갑니다. 그들의 죽음이 실은 더 큰 구조적 문제의 징후이며, 감정 표현과 취약함을 용납하지 않는 문화의 결과라는 점은 간과된 채로 말입니다. 이 개인적이고 공적인 상실을 잇는 공통된 맥락은, 학업 성취와 직업적 성공, 사회적 순응이 개인의 행복보다 우선시되는 우리 사회의 현실입니다. 그 안에서 뒤처지는 이들의 고통은 '시스템의 문제'가 아니라 '개인의 결함'으로 치부되곤 합니다. 이것이 우리가 반드시 맞서 싸워야 할 위험한 오해입니다. 이처럼 깊게 뿌리내린 구조를 바꾸는 일은 결코 쉽지 않을 것입니다. 오랜 시간과 집단적 인식의 변화, 그리고 지금까지 당연하게 여겨졌던 관념들에 대한 끊임없는 질문과 용기가 필요합니다. 그럼에도 제가 이 책을 통해 전하고자 하는 것은 완벽한 해답이 아니라, 그에 못지않게 소중한 것들 - 이해, 공감, 그리고 우리의 불편함에 맞설 수 있는 공유된 공간입니다.

뉴욕대학교 재학 1학년 때 저는 '정신건강과 질병에 대한 문화적 관점'이라는 강의를 수강했습니다. 이 수업은 정신건강이 결코 개인의 문제로 환원되지 않으며, 문화적·역사적·사회적 맥락 안에서 형성된다는 사실을 일깨워 주었습니다. 특히 인상 깊었던 개념은 '생물심리사회적 모델(Biopsychosocial model)'이었습니다. 정신질환은 유전적 소인, 심리적 특성, 그리고 사회적 환경이 상호작용하며 나타나는 복합적인 현상이라는 것이죠.

이 책은 바로 그 관점에서 시작되었습니다. 한국 청소년에게 가해지는 과도한 기대, 학업 성취 중심의 고정관념, 기계적인 암기를 장려하는 교육 체계가 청소년 정신건강 위기에 어떤 영향을 미치는지를 묻고자 합니다. 이 책은 완벽한 해답을 제시하진 않습니다. 하지만 더 정직한 대화, 깊은 문화적 성찰, 그리고 더 넓은 공감의 장을 제안하고 싶습니다. 한국에 거주하지 않는, 한국인이 아닌 독자들조차도 이 문제를 '외국의 비극'이 아닌 보편적 인간의 문제로 바라봐 주시길 바랍니다.

우리는 이제 "왜 그들이 무너졌는가"를 묻기보다, "왜 우리는 그들을 붙잡지 못했는가"를 질문해야 할 때입니다. 그리고 그 질문에서, 함께 다시 시작해야 합니다. 그래야만 우리는 침묵과 고통의 고리를 끊기 시작할 수 있습니다.

| SPECIAL THANKS |

책이 세상의 빛을 보기까지 변함없는 응원과 격려, 그리고 따뜻한 조언을 아끼지 않은 가족과 친구 여러분께 깊은 감사의 마음을 전합니다. 여러분의 관심과 마음이 없었다면, 이 여정은 불가능했을 것입니다.

Sinae Baek 백신애
Robert Hyunsik Cho
Stella Cho
Susan Chung
Eunice Han
Jeungeun Hong
Kisuk Jung 정기석
Mincheol Jung 정민철
Suna Jung 정선아
Kaylee Kim 김민서
Misun Kim
Jae Ku
Casie Lee
Dongyul Lee
Harrison Lee
Jeongun Lee 이정운
Kelly Lee
Youngmi Lee
Tiajuana L Legoski
Paul Rivas
Dongwan Shin
Eunyu Son 손은유
Jaeseung Son 손재승
Kyeongseon Son 손경선
Kyungmi Son 손경미
Mijin Son 손미진
Mijung Son 손미정
Grace Yoo

| SPECIAL THANKS |

We would like to express our deepest gratitude and heartfelt appreciation to our friends and family for their unwavering support, inspiration, and mentorship. This book would not have been possible without each of you.

Sinae Baek
Robert Hyunsik Cho
Stella Cho
Susan Chung
Eunice Han
Jeungeun Hong
Kisuk Jung
Mincheol Jung
Suna Jung
Kaylee Kim
Misun Kim
Jae Ku
Casie Lee
Dongyul Lee
Harrison Lee
Jeongun Lee
Kelly Lee
Youngmi Lee
Tiajuana L Legoski
Paul Rivas
Dongwan Shin
Eunyu Son
Jaeseung Son
Kyeongseon Son
Kyungmi Son
Mijin Son
Mijung Son
Grace Yoo

a call for more honest conversations, deeper cultural introspection, and a wider circle of empathy. I hope that readers, even those from outside Korea, will come to recognize the gravity of this issue not as a foreign tragedy, but as a human one. Only then can we begin to break the cycle of silence and pain.

Let us stop asking why they fell, and instead ask how we failed to catch them. And from there, begin again. Together.

who fall behind is not a sign that something is wrong with the system; rather, it is seen as a flaw in the individual.

This is the dangerous myth we must confront. Changing this deeply ingrained structure will not be easy. It will take time, collective awareness, and a willingness to question traditions long held as truths. But within this reality, what I can offer through this book is not a comprehensive solution but something just as vital: understanding, empathy, and a shared space to confront our discomfort.

During my first year at New York University, I enrolled in a course called "Cultural Perspectives on Mental Health and Illness." It taught me to examine mental health not as a personal flaw, but as something shaped by context – by systems, culture, and history. Of the frameworks we studied, the one that resonated most with me was the Bio-Psycho-Social model, which suggests that mental illness emerges from a combination of biological, psychological, and social factors.

In writing this book, that model became a guiding lens. I began to see how the expectations placed on Korean youth, paired with stereotypes of academic excellence and a national curriculum that rewards rote memorization over meaningful understanding, contribute to a mental health crisis we can no longer ignore.

This book does not claim to hold all the answers. But it does issue

And yet the news never stops. Just recently, I learned of a boy who lived in the apartment building across from my grandmother's. He had jumped from his balcony, unable to withstand the pressures of school. He was a student, someone not unlike the many others around me. Someone not unlike me.

There was a time when I believed almost instinctively that as one grows older, they will inevitably come to know more people – and therefore, more suicides. I thought this emotional erosion was a natural part of adulthood. But I now recognize that this belief is not natural; it is cultural. It is the result of a society that has normalized pain and dismissed emotional suffering as weakness, particularly among youth.

Celebrity suicides in South Korea are often mourned publicly but processed privately. The media briefly sensationalizes the tragedy, netizens flood the internet with condolences, and then life resumes, often without reflection. Rarely are these deaths treated as symptoms of something deeper: of a culture that demands perfection, punishes vulnerability, and offers few safe spaces for emotional expression.

What ties these personal and public losses together is a shared context: a society in which academic excellence, professional success, and social conformity are often prioritized over well-being. The same logic that drives families to invest in elite education from early childhood also creates an environment where failure is perceived as personal collapse. Within this logic, the pain of those

But before we debate which view holds more truth, I believe one thing is undeniable: the conflict surrounding education in our society is anything but normal. Parents, having experienced firsthand the social discrimination perpetuated by academic elitism, have built a system where their children must start ahead of others at all costs. Their hopes for a better future, however well-intentioned, have helped sustain one of the most hyper-competitive educational landscapes in the world, with a private tutoring industry that looms large over childhoods and family finances alike.

Given these circumstances, it seems unfair to place the blame solely on the individual. How can we fault someone for succumbing to a system that leaves them no way out?

The first time I experienced the loss of someone I "knew" was in 2017, when I was fourteen. That winter, Jonghyun, the lead vocalist of the K-pop group SHINee, died by suicide after a long struggle with depression. I remember that day vividly. My friends came to school in tears, unable to focus or return to their routines for weeks. It was the first time I had seen grief surge through a generation not because of someone we knew intimately, but because of someone we had grown up with through screens, music, and shared dreams. It did not stop there. Two years later, in 2019, an actress and former member of f(x) Sulli also took her life. Only a few weeks passed before news broke of Goo Hara's death. Then came Moonbin. As the years went on, the names blurred. I lost track of how many young artists had passed.

conversation with a native English speaker. They are well-trained to decode complex passages and identify grammatical anomalies, but not to communicate with fluency or spontaneity. The result is a generation of high-scoring students who excel on paper but lack the functional skills that language is meant to serve.

What is perhaps most concerning is that this misalignment between assessment and application is not a hidden flaw; it is widely recognized, even by policymakers and educators. And yet, little changes. The system persists, not because it is effective, but because it serves a particular purpose: selection. Every year, as more students become proficient in the content required by the Suneung, the pressure to stratify them according to score remains. This need to rank and sort students into percentile brackets, to allocate them to tiers of universities, drives the ongoing complexity and arbitrariness of the exam. Reform is discussed, but rarely implemented, as the machinery of competition continues to function as intended: not to educate, but to filter.

Each year, the number of students in South Korea who take their own lives under the weight of academic pressure and college entrance exams continues to rise. And with it, so does my sorrow. Public opinion remains divided: some point to the country's unforgiving academic system and its deeply rooted obsession with elite education as the core drivers of student despair. Other reduce these tragedies to individual weaknesses, framing them issues of mental health.

By MINAH Son

Having grown up in Daechi-dong, widely known as the most academically competitive neighborhood in South Korea, I was one of the so-called "Daechi kids." From as early as age four, many of us were enrolled in private cram schools (hagwons), beginning a race that few of us ever opted into. By middle school, it was common for students to have already completed high school-level coursework. The purpose of this acceleration was not to foster deep understanding, but to gain a competitive edge in mastering the country's notoriously difficult college entrance exam, the Suneung. From that point on, education becomes synonymous with repetition and endurance. Students spend years solving endless volumes of mock exams, often memorizing not for comprehension but for strategic pattern recognition. The ultimate goal is to perform well enough on a single, high-stakes test to secure placement in one of the nation's top universities.

The global visibility of this system is no longer limited to those within Korea. Even a brief search on YouTube reveals how widely known the severity of the Suneung has become. One particularly striking example is the English language section of the exam. Despite being intended for non-native learners, it routinely includes outdated, obscure vocabulary and convoluted sentence structures that even native speakers; even the English professors find this test challenging. Ironically, many students who receive perfect scores on this portion of the exam are unable to engage in a basic five-minute expectations. But at the end of the day, it's your happiness and peace of mind that truly matter.

Take time to notice the beauty around you – the changing seasons, the colors in the sky, the songs in the wind – these moments are worth cherishing if we allow ourselves to experience them. Your purpose isn't to achieve more; it's to live fully in the moment. You are already doing enough. Every step you take, no matter how small, is a step toward a life worth living.

When you stand at the edge, staring into fear, remember – this is not the end. A new journey awaits, one unlike any before. Your story is just beginning, with so many more chapters yet to be written. Life is not a destination; it's a journey, and you have the power to shape it. Embrace the path ahead, nurture your creativity, and keep moving forward. There is always a reason to live, you just have to discover it.

Recently, I met a new friend, Jin Woo, who cycled halfway around the globe on his bicycle over the last eight years, and he still has the other half to go. No one asked him to do it; he's doing it simply because he enjoys it, and this is his reason to live. Some people create, and some consume. But no matter what our role, we all play a part in this grand story of life. So, write your own.

Make it a story filled with joy, meaning, and love.
That is the reason to live.
That is your purpose.

writing reports based on others' ideas, never really learning how to express ourselves. It's time to break free from that. Learn to communicate, engage in constructive conversations, and don't take offense when someone offers criticism. The universe is much bigger than you think, and it's not confined to the palm of your hand or your smartphone. Step outside, breathe in the fresh air, smell the flowers, and listen to nature. You are part of this vast world, and it's yours to enjoy.

The future is uncertain, but that doesn't mean we must live in fear. We cannot control everything, but we do have control over today. Every decision you make is a scene in your life's story. Some days you'll succeed, others you might stumble, but every day you are moving forward. And that is the key – doing, living, experiencing. Don't get lost in expectations, and don't let fear prevent you from moving forward.

You are not alone in this. You don't need to live for anyone else's expectations. The reason to keep going is within you. It's not about some idealized version of success; it's about who you are right now, and who you are becoming. The day you think of giving up is the day you decide to begin again. Today marks the start of tomorrow.

Life is short, and time slips away faster than we realize. But we don't need to work endlessly for an uncertain future. Instead, we should work to enjoy this beautiful, fleeting life. So much of our time is spent working for others, for grades, for approval, for societal you for doing this," I realize – this is my reason to keep going. I worry about plants, I greet my neighbors, and we chat. No matter how physically challenging it is, I have found another reason to live. I witness the seasons change and don't feel sad when the leaves fall because I know they'll return next year.

I'm a workaholic, continuously creating and nurturing my destiny I've now accepted. I fear no failure because this is what I choose to do. When I feel burned out and see no end in sight, I pause and tend to my garden. What I do now – whether creating on my laptop or nurturing my garden – is what I've chosen, and I have no regrets. This is my path, my purpose. I witness the shifting seasons, the changing colors, and the quiet yet relentless growth of plants and trees. These are gifts, freely given, yet so many overlook them in the rush of life. This isn't luxury; it's the essence of existence – where humans and nature intertwine in harmony.

It's time to rethink how we educate ourselves. Don't just sit in a classroom flipping through someone else's book. Get out there and play – learn through hands-on experiences, real-world interactions, and collaboration. The future of education will be shaped by gamification, interactive learning, and social learning, where engaging experiences come together to foster critical thinking and skill-building in meaningful ways.

Learn to express yourself. Tell others what you like and dislike. Most of us, especially in Korean culture, grew up memorizing and destination. It's not the car that matters, it's the journey.

Your purpose in life lies within you – your creativity, your passion, and your ability to make something beautiful out of every day. No matter how much you want or how much you know, sometimes the greatest wisdom lies in accepting what you have right now. Life may not be perfect, but it can be meaningful. Even if you feel like you have nothing, go out and plant a seed. Watch it grow slowly but meaningfully, reminding you that life, too, grows in its own time.

The word 'suicide' was once a terrifying concept to me, and I never imagined I would hear such stories from my students or family members or even contemplate it myself. I don't work for others; I create and do what I love. What others might deem useless, I continue to do, not thinking too much about money. But with success comes opportunities. The stress I faced wasn't due to fear of failure or judgment. My fear was that I was creating too much, and the only way out seemed to be ending it all. But then, a fear overwhelmed me – the fear of how my sudden decision would hurt those I love, leaving painful memories for them. And I began to focus on the beautiful things I still had to experience with them.

How did I overcome that fear? I did something I never thought I was capable of. I started planting flowers in my garden, and now, I've run out of space in my house and planted them across the entire block. My back aches from picking weeds, watering, and sweeping, but when people stroll by and say, "What a beautiful garden, thank life," and sometimes, we don't live long enough to see it.

In today's society, we're conditioned to work long hours. We wake up, go to work, come home to chores and responsibilities, and collapse into bed – only to wake up and do it all over again. We push ourselves to achieve more, to earn more, hoping that one day, we'll have the time to enjoy life. But when that day comes, how much time will we really have left?

Technology was supposed to make life easier, yet it often causes more anxiety. Autonomous cars might save us time, but they also remind us that we, too, could be replaced. AI is advancing rapidly, and with it comes the fear of obsolescence. The pressure never disappears; it merely shifts. What universities teach in four years, AI can help you learn in just four days. Many universities will struggle in the coming decade as AI-driven advancements reduce enrollment and reshape industries.

But take a moment. Breathe.

We're not building the next great pyramid or worrying about payments on apartments on the moon. So why do we continue to stress? It's not about the next big achievement; it's about finding joy in what is right in front of us. Slow down. Water your garden. Watch the seasons change and the flowers bloom. Life isn't about accumulating more; it's about appreciating what you have. Some drive luxury cars, but your old car will take you to the same

| EPILOGUE |

By Christopher HK Lee

Five thousand years ago, the Egyptians built the pyramids. Since then, humanity has endured countless wars, walked on the moon, survived global pandemics, and now faces a future dominated by AI. Yet, despite all these monumental changes, we still grapple with the same fundamental struggles – survival, uncertainty, and the quest for meaning.

Be brave. More challenges will come – wars, space exploration, and the search for life beyond Earth. But in the midst of it all, what truly matters is not what the future holds; it's how we choose to live today.

From the moment we begin to speak, our lives are shaped by expectations. We're molded as children to follow a predetermined path: study hard, follow the rules, strive for success. We spend decades in school, believing education will unlock a better future, only to find ourselves caught in a repeating cycle of work and responsibility. Life often feels like a series of stages – learning to speak, two decades of schooling, followed by decades of work before retirement. All of this is supposed to lead to a better life, but why can't we experience fulfillment during these stages? Reality doesn't guarantee a "better

- **Practice Gratitude:** Noticing small joys – sunlight on your face, a massage from a friend, a favorite meal – can shift your perspective from what's lacking to what's abundant in your life. Gratitude grounds us in the present and gently nurtures hope.

- **Accept Change and Growth:** Your identity isn't static – it's constantly evolving. Allow yourself the freedom to change, to make mistakes, and to explore new aspects of who you are. Allow new dreams, new values, and new parts of yourself to emerge over time. The journey of self-discovery can be incredibly fulfilling.

- **Create Meaning Through Helping Others:** Giving back, whether through small acts of kindness or larger endeavors, reminds you of your power to make a difference. Helping others connects you to a larger community and reinforces your own value and identity.

- **Seek Professional Support if Needed:** If you're feeling lost or overwhelmed, talking with a therapist or counselor can provide guidance, support, and a fresh perspective on your journey. You don't have to be alone.

- **Ultimately, your reason to live is not something you find once and hold forever:** it is something you shape and reshape, again and again. It is uniquely yours, shaped by your experiences, desires, and personal growth. By nurturing hope, embracing your voice, and finding purpose in everyday life, you can create a fulfilling and meaningful existence.

interests can connect you to a deeper sense of purpose.

- **Set Personal Goals:** Focus on small, achievable goals that align with your passions and values. These goals could be related to your career, education, personal development, or relationships. Every step forward is a reminder that you are moving with intention.

- **Cultivate Self-Compassion:** Remember that your worth isn't determined by others' expectations. Embrace imperfection. Give yourself permission to grow slowly, to rest, and to begin again. Kindness toward yourself isn't weakness – it is resilience.

- **Build a Supportive Network:** Surround yourself with people who uplift and inspire you. Having a supportive group of friends, mentors, or family members who believe in your potential can be a powerful source of motivation. Find people who you feel safe with, valued, and encouraged.

- **Reflect on Your Values:** Take time to think about what you truly value. What are the values or beliefs that resonate with your heart? What kind of person do you want to become? Aligning your life with those values and core beliefs gives you clarity and direction.

- **Embrace Challenges:** Life isn't always easy, but facing and overcoming challenges can build resilience and strength. When you look at obstacles as opportunities for growth and lessons, they become less daunting and more meaningful.

- [ ] **To witness the next chapter** – the world keeps changing, and there's quiet beauty in simply watching it unfold.
- [ ] **To reconnect with forgotten dreams** – it's not too late to paint, write, dance, garden, or finally speak your truth.
- [ ] **To offer comfort and presence** – a warm word. A quiet ear. Just being there can bring peace to someone else.
- [ ] **To find peace with the past** – not to erase what hurt, but to soften it – to forgive, reflect, and let go.
- [ ] **To feel the joy of small things** – a hot cup of coffee. A familiar song. A simple visit. These still matter, more than you know.
- [ ] **To leave a legacy of hope** – your strength and resilience can light the path for others. Even one moment of sharing can change a life.
- [ ] **To love again – differently** – not always romantic, but deeply human. A grandchild's hug. A friend's voice. A memory that warms your heart.
- [ ] **To be seen, still** – because you still matter. You always have.

Here are some gentle but powerful tips to help guide you through that journey – steps that can support you in discovering your reason to live, nurturing your identity, and walking forward with hope, even when the path feels uncertain:

- **Explore Your Passions:** Discovering what truly excites and fulfills you can give you a reason to keep moving forward. Whether it's painting, science, writing, cooking, storytelling, following your

- ☐ **To find purpose beyond productivity** – you are more than your job title or bank account. Your presence, your kindness, your voice – they matter.
- ☐ **To break cycles** – to be the first to choose healing. To challenge the pain you inherited. To define success on your own terms.
- ☐ **To see the world differently – and explore it** – new places, people, and ideas can shift how you see yourself and what's possible.
- ☐ **To help others feel less alone** – even in your struggle, your story might be the light someone else is searching for.
- ☐ **To feel joy in unexpected moments** – a shared meal. A sunset. A kind word. These are not small things – they are life.
- ☐ **To become the person your younger self needed** – wiser. Softer. Stronger. You carry the power to become that person now.
- ☐ **To embrace change, not fear it** – your 20s and 30s aren't a deadline – they're your beginning.
- ☐ **To live for the questions** – even when you don't have the answers yet, asking them is enough to keep moving forward.

[SENIORS]

- ☐ **To be remembered for love, not loneliness** – your story, your kindness, and your presence will echo in the lives you've touched.
- ☐ **To pass down wisdom** – what you've lived through still matters – your words may be the guidance someone is searching for.

- [ ] **To grow through struggle** – and become someone you're proud of.
- [ ] **To help others** – and find purpose in lifting someone else.
- [ ] **To write your own story** – not one written by fear, but by hope and choice.
- [ ] **To heal** – from what hurt you and reclaim your worth.
- [ ] **To believe that tomorrow might feel different** – even if today hurts.
- [ ] **To be part of something greater** – a cause, a movement, or a shared dream.
- [ ] **To explore the world** – its people, its possibilities, its unknowns.
- [ ] **To prove to yourself that you can** – survive, overcome, and thrive.

[YOUNG ADULTS]

- [ ] **To discover your own path** – not the one your parents, teachers, or society chose – but the one that feels true to you.
- [ ] **To make mistakes and grow from them** – because your life isn't about getting it all right – it's about learning, falling, and becoming.
- [ ] **To experience real love and connection**
  – romantic, platonic, or communal – because deep human connection makes your life meaningful.
- [ ] **To build something of your own**
  – whether it's a career, a relationship, a passion project, or simply a life that finally feels like yours.

> ## Checklist :
> ## Finding Reasons to Live
>
>

Finding a reason to live with hope and cultivating your own identity can be a transformative journey. It is deeply personal, requiring time, reflection, and courage. Your reason to live doesn't have to be many – just one is enough. Take a moment to reflect and discover what truly motivates you.

[YOUTH]

- [ ] **To discover who you truly are** – beyond grades, roles, or expectations.
- [ ] **To form real connections** – with friends, mentors, and communities who understand you.
- [ ] **To experience love** – giving and receiving it in all its forms.
- [ ] **To pursue your dreams** – however big, quiet, or unconventional they may be.
- [ ] **To create change** – in your life, in others' lives, or in the world.
- [ ] **To be seen and heard** – for your voice, your pain, your ideas, your existence.
- [ ] **To find beauty in small things** – a sunrise, music, laughter, a story.

[FADE TO A BURSTING CITY SCENE]

NARRATION As Mina and Jisoo continue their journey – searching not just for purpose, but for themselves – we're left with questions only we can answer: Who am I, really? What do I love? What do I fear? What am I willing to fight for, and what must I learn to let go of?

In a world that constantly tries to define us, finding our own voice becomes an act of courage.

And maybe true happiness isn't about being perfect but about living truthfully, giving generously, and becoming someone you're proud to be.

The search isn't over. It's only just begun.

So... what is your reason to live?

✦ REFLECTION

If you scan the QR code after reading this chapter, you can record your thoughts and read what others have shared. Once you're connected, please click on the video labeled "CHAPTER 7."

For Students: What moments bring you the most joy when no one else is looking and there's nothing to prove? If you could speak to someone going through what you once went through, what would you say to let them know they're not alone?

For Parents: Beyond after-school programs, how can you support your child's happiness and help them discover what truly excites and inspires them?

For Educators: How can you create space in your classroom for students to grow not just academically, but as whole, evolving individuals?

and the road ahead will be messy, uncertain, and at times, difficult. But it will also be hers. She's learned the most important truth: life isn't about perfection. It's about showing up. It's about finding meaning in the tiny moments, the messy ones, the ones that don't get posted or praised.

She exhales one last breath into the rooftop air and steps away from the edge – not out of fear, but out of faith. The world is big, yes – but so is her voice. And she doesn't have to navigate it alone.

MINA
(smiling, her voice full of promise)
"This is my life. And I'll discover my reason to live."

And just like that, she walks forward – into the future, into the unknown – with hope as her compass. She thinks of her childhood: the dusty digicam, the old notebook filled with sketches, and the joy of making stories no one ever read. It was always there, that spark. She just needed to remember.

Now, as her heart flutters with quiet excitement, the ideas rush back. This is her path. One she'll carve with her own hands, a camera in one, dreams in the other.

And at that moment, MINA knows:
The story she was born to tell is just getting started.

over approval.

A soft smile plays on her lips as she thinks of those who walked beside her – friends, strangers, mentors – each a flicker of light in the dark. Together, they are part of something bigger: a generation that's tired of being quiet. They're rising now, not to fit into someone else's mold of success, but to define it on their own terms. A success measured by honesty, by impact, by the courage to live unapologetically.

With each breath, MINA feels purpose stir within her. She doesn't know what's ahead, but she no longer needs to. Every obstacle isn't a dead-end, but a door waiting to be opened. She's ready – not because she has all the answers, but because she finally trusts herself to find them along the way.

As her eyes sweep across the city once more. The fear that once gripped her melts into something else entirely – possibility. She doesn't see a girl drowning in expectations anymore. She sees someone becoming a storyteller, a change-maker, a voice that refuses to stay silent.

MINA

(whispering to herself, with calm certainty)
"I have a reason to live. We all do."

That quiet truth settles in her bones. Her journey is just beginning, something far stronger: hope.

MINA inhales deeply, letting the cool air settle in her lungs as she reflects on the journey that brought her here. There were moments she nearly gave up – nights she spent staring at the ceiling, drowned in silence. But in the depths of each breakdown, she unearthed something undeniable: a reason to keep going.

She wonders why the world feels so overwhelming to so many – why so many people feel crushed by expectations, silenced by fear, or haunted by the feeling that they're running out of time. No one knows how long they have, and yet everyone rushes as if racing a clock they will never beat. MINA came to understand that meaning isn't something you find once and hold onto forever. It's something you build and rebuild – day by day.

The future remains uncertain. It always will. But she isn't afraid of that. She feels free. No longer bound by the chase for perfection or weighed down by comparisons, MINA sees herself clearly – not through the lens of scores or praise, but through her resilience. Every time life tried to break her, she found a way to rise.

Her mind returns to the darkest moments – times when she almost gave in. Yet even then, in the quietest corners of her pain, she found strength. Not the kind celebrated in headlines, but the quiet, steady strength born from vulnerability. The kind that grows when you speak, even when silence feels safer. When you choose authenticity

[EXT. A ROOFTOP IN SEOUL – EVENING]

MINA stands alone on a rooftop, her feet steady against the cool concrete beneath her. Below, Seoul stretches endlessly – its flickering lights dancing across the skyline, a living mosaic of stories, struggles, and dreams. The city pulses with life, a hum of movement and meaning that reminds her just how vast and unpredictable the world truly is.

There's something breathtaking about it all. From this height, the chaos softens into something beautiful. The unknown feels less like a threat and more like a promise.

The weight she once carried – of pressure, of expectations, of creeping self-doubts – no longer suffocates her. It lingers, like a shadow, but she no longer lets it define her. What fills her now is perfection. We are living for meaning. For ourselves."

She pauses, then continues, her voice softer but more certain than before.

"I think that's what saved me. I stopped fighting against myself and stopped trying to fit into other people's stories. I started taking small steps, asking for help, and letting people in. And somewhere along the way, I realized healing doesn't look like a straight line. It looks like trying again after a bad day. Laughing when I didn't expect to. Feeling a little more human."

MINA and JISOO continue their heartfelt conversation, reassuring each other of what truly matters in life – the power of connection. They reflect on how the reason to keep living is not always found in grand achievements but often in simply not being alone. It's in rediscovering the people, moments, and chances already given to them – and learning to appreciate those gifts with open hearts. They don't need a grand conclusion. Just this – two people choosing to stay. Choosing to listen. Choosing, again and again, not to disappear.

MINA

(tears falling now, but her voice steadier)

"I know. And the thing is... they're starting to see it now. It's taken time, but they're finally grieving. For real. And they're trying."

(she breathes deeply)

"They're listening to me now. They told me they're proud of me. Not the version of me that tried to be him – but the real me. They are supporting my choices. It's not perfect... but it's something. And it helps."

JISOO

(softly, amazed)

"That's everything, Mina. I'm really glad they're trying. You deserve that support."

MINA

(smiles, finally at peace)

"It makes life feel possible again. Like I can finally breathe. Like I don't have to earn my place. I just got to be there."

JISOO

(grinning with a quiet sense of peace)

"Exactly. It's about finding our own reasons to stay, no matter how messy or uncertain it is. Because in the end, we are not living for how I felt at the time. The more I tried to live up to that, the more I disappeared."

JISOO
(quietly, breath caught)
"Oh, MINA..."

MINA
(voice cracking)
"I thought if I became him, maybe they'd love me the way they loved him. I chased his shadow so hard I lost sight of myself. I pushed until I broke. I became this machine, just doing what I was supposed to do. I was exhausted. Lonely.

(beat)

I woke up, studied, smiled, and pretended. On repeat. All I ever heard was that I had to be better. But better never meant me. It meant him. Eventually... I didn't even know who I was anymore. And one night, I remember thinking, 'If I vanished, would anyone notice it was me that was gone – or just someone not measuring up?'"

JISOO
(squeezes her hand tightly)
"You didn't deserve that. Not any of it. You never should have had to carry that alone."

A long pause. The moment lingers, quiet, but charged. Then MINA's voice breaks the silence – lower now, shaky.

MINA
(softly)
"Can I tell you something I've never said out loud?"

JISOO
(looks at her, gently)
"Of course. You can tell me anything."

MINA
(her hands tighten around the cup, eyes glassy)
"When my brother died two years ago... something in our family broke. It was like an epidemic of grief. We couldn't believe this was happening to us.

(glares in her eyes)

He was everything to my parents – top of the class, kind, talented... the perfect son. They bragged about him like he was a trophy. When he was gone, they didn't just lose him. They lost their idea of what our family was. And somehow, I became the placeholder for everything they missed.

I wasn't their daughter anymore – I was their second chance. I felt like his replacement. It's a terrible thing to think... But that's

"I started waking up with something to look forward to – not big things. Just... little bits of light. Frappuccino with a friend. A message from my mom. The chance to say, 'Today, I'm still here.' That was enough. And I kept going."

MINA

(voice trembling)

"You are still here. And that means everything. You're so strong, Jisoo. I wish you saw what I see when I look at you."

JISOO

(smiling through tears)

"I'm starting to. And that's because I learned to let people in. To stop fighting alone. Connection... it is a resource. One I didn't even realize I needed until it saved me."

(she squeezes MINA's hand)

"You are one of the most important connections I have, MINA. Thank you – for not letting me disappear. For being someone I could come back to."

MINA

(quietly, but with fierce warmth)

"You don't ever have to go through it alone again. I'm always here. And I'll keep being here. Because you matter. And I thank you for being my true friend."

JISOO

(nodding, eyes shining)

"I didn't know how. I was afraid if I said it out loud, it would become real. But what saved me – what pulled me back – was connection. Being able to talk, to listen, to be heard. My family started noticing the little things. Friends checked in even when I pushed them away. And you –"

(she looks up at MINA, her expression open and raw)

"You never gave up on me. You sat with me when I couldn't speak. You didn't try to fix me or push me to explain. You just... stayed. You have no idea how much that meant. How much you meant. You gave me a thread to hold onto when I was falling apart."

MINA

(tears welling in her eyes, voice barely a whisper)

"I wasn't sure if it helped. I just didn't want you to feel alone..."

JISOO

"It did. More than I can ever explain. Every time you made me laugh, every time you checked in even when I didn't answer, it chipped away at the darkness. That I could still feel something other than numbness. And eventually, those moments built something stronger than the pain."

(beat)

"That is the part that hit me too. I kept chasing what I thought would finally make me feel enough – trying to meet others' expectations, hoping that if I just kept pushing, I'd eventually figure out what I was meant to do. But somewhere along the way, I forgot to ask myself what I actually wanted. It's strange, isn't it? To wake up and realize you've been running full speed in a direction that was never really yours. Now I realize... life isn't about getting everything perfect. It's about finding meaning in the mess, in the uncertainty."

A moment passes. JISOO hesitates, then speaks.

JISOO
(pauses, swallowing hard – then speaks, her voice trembling slightly)
"There was a time... not long ago... when I couldn't even get out of bed. Everything felt pointless. I felt like I was screaming in a void, like no one would hear me if I disappeared. I didn't tell anyone. I got good at pretending. Smiling through it. But inside, I was falling apart."

(She looks at her hands, her voice thick with emotion)

"And what scared me most... was how easy it became to believe I didn't matter."

MINA
(softly, reaching out to gently touch JISOO's hand)
"JISOO... I wish you had told me."

JISOO

(softly, thoughtfully)

"For as long as I can remember, I've been wondering why I exist. I never really questioned the purpose of my life until recently. Maybe it is just something that happens as we get older, but I've been afraid of how that purpose might change over time. Things that used to seem so important no longer feel as significant. And sometimes I wonder if that is a loss or a beginning."

MINA

(nods, her eyes distant)

"Yeah, I used to think I needed to figure it all out, that purpose was this fixed thing that I had to chase and hold onto forever. But now I think maybe it is more like…something you return to, something that grows with you. I don't know. And that's okay. It's not about having a perfect plan; it's about learning to embrace the journey, with all its twists and turns."

JISOO

(her voice quiet but steady)

"It's hard though, isn't it? The world expects us to always be moving forward, to keep achieving. And after a while, you can't tell if you are living for yourself… or for everyone else's idea of who you should be."

MINA

(sighing, looking out the window)

Chapter 7 :
Our Reason to Live

[AT THE CAFÉ – AFTERNOON]

MINA and JISOO sit in a cozy corner of a warm, softly lit café. Around them, the air hums with quiet conversations and the occasional clink of ceramic cups. They're both sipping their drinks, deep in thought, reflecting on the future, their identities, and the pressures they face. Outside, the late afternoon sun filters through the window, casting golden streaks across the worn table between them.

 ✧ **REFLECTION**

If you scan the QR code after reading this chapter, you can record your thoughts and read what others have shared. Once you're connected, please click on the video labeled "CHAPTER 6."

For Students: When everything around you push you to perform, how do you stay connected to what truly matters to you? What's one small choice you can make today that reflects your purpose, not someone else's expectations?

For Parents: When was the last time you asked your child how they felt, just how they're doing in school? What would it look like to support their mental health as much as their achievements?

For Educators: How can you help your students see themselves beyond grades and rankings? What practices can you introduce in your classroom to support emotional growth alongside academic success?

South Korea is also making progress in promoting inclusivity, particularly in addressing gender inequality and advocating for marginalized communities. Grassroots movements - many led by younger generations - are emerging around issues like climate action, mental health awareness, and social justice. Still, their broader societal impact remains limited.

Despite these obstacles, the country possesses immense potential. With deeper investment in youth-centered programs and innovation ecosystems, South Korea can nurture a generation of empowered changemakers. Through collective effort and cultural transformation, a future rooted in balance, inclusivity, and purpose is within reach - not just as an aspiration, but as a lived reality.

References

- Kim, J., & Lee, S. (2022). Addressing Mental Health in South Korea: Tackling Youth Suicide and Stigma. Journal of Mental Health, 14(3), 255-267.
- Choi, H. J., & Park, J. H. (2021). Shifting Education in South Korea: Creativity Over Academic Pressure. Education Review, 29(4), 134-152.
- Yoo, K. (2023). Youth Advocacy in South Korea: Pushing for Work-Life Balance and Mental Health. Youth Journal, 17(2), 73-89.
- Lee, J. S., & Han, M. (2024). Gender Equality and Marginalized Communities in South Korea. Social Policy Journal, 33(1), 45-62.
- Kwon, Y. T., & Lim, E. S. (2022). Family Support in South Korea: Childcare and Parental Leave Policies. Family Journal, 18(2), 101-115.
- Park, D., & Seo, W. (2023). Fostering Youth Innovation in South Korea. Innovation Journal, 11(5), 200-212.
- Han, S., & Lee, M. H. (2024). Creating a Hopeful Future: South Korea's Social Reforms. Social Change Review, 22(3), 147-160.

voice – strong, clear, and unapologetic. For so long, she had felt lost in a world that demanded perfection, a world that had broken her and her friends. But tonight, she had spoken from somewhere deeper, standing in front of so many.

The power of hope, purpose, and resilience is now in their hands – her message, her fight, their collective strength. MINA walks offstage not as someone who has finished something, but as someone who has just begun. Her journey continues – one where she'll fight, speak, and lead for a better, more compassionate world. A world where every young person can find their reason to live, even when the darkness seems overwhelming. This is only the beginning.

NARRATION   South Korea is still grappling with significant challenges as it navigates an uncertain future, focusing on mental health, youth empowerment, and social reform. The country continues to confront the stigma surrounding mental health and is working to strengthen support systems aimed at reducing its high suicide rate, particularly among youth. However, the education system has yet to fully embrace a model that values creativity, emotional well-being, and balance over intense academic pressure. This is a shift essential to fostering a healthier and more sustainable vision of success.

Real change will require youth to play an active role in shaping their future – demanding a healthier work-life balance, greater mental health support, and recognition for diverse career paths. The government has begun supporting these efforts through policies that encourage innovation, entrepreneurship, and vocational education. In response to demographic decline, South Korea is increasing support for families through childcare subsidies and parental leave.

now? That the future, even when it's uncertain, still holds something worth waiting for.

So I choose to keep moving. One day at a time. I came here today not to give answers but to tell the truth – to offer what I could, and to listen in return. To start small – to do what I can for tomorrow. That is my reason for living and my purpose in life.

Together, we have the power to make a real difference. Let's stop pointing fingers and recognize that each of us plays a part. None of us have all the answers – I don't either – but if we support one another and believe in a brighter future, we can help create it.

So before you leave this room, ask yourself, what small action will you take today to be part of that change?
We're not eternal – and that's exactly why we must begin now."

The applause rises, slow and steady, then roaring with momentum. The crowd responds with a collective, energized cheer, ready to engage in the work that lies ahead, knowing they are not alone in their pursuit of a better, more hopeful world. It is recognition. It is a relief. It is a collective breath, finally exhaled.

The crowd's cheers echo in her ears as MINA steps away from the podium. Her heart is pounding, her body shaking with the adrenaline of the moment. MINA smiles through her tears, feeling an overwhelming sense of peace wash over her. She had found her through my blog comments. That reminds me that we are not alone. Our voice is connected. And in that connection, there is power."

MINA (CONT'D)

(looking out at the crowd, speaking with clear conviction)

"I'm only seventeen. I am still figuring out what life really means. For so long, I only did what I was told – scored, ranked, corrected, and pushed to be better – until I forgot I had a voice of my own. But recently, I started listening to my own voice. I began making choices based on what's around me, what I care about. As I grow, I know more paths will open up, and that thought excites me – I am finally looking forward to something just because I want to.

When my close friend took her own life, it was like a ripple of silence I didn't know how to name. I wondered if that silence would swallow me too. But now, I ask, why couldn't she see what I see sense of hope?"

A student near the back answers almost instinctively.

AUDIENCE MEMBER 6

"You do. People like you and your blog. Just hearing this tonight makes me feel a little less lonely. You've shown incredible strength in speaking your truth. But how do you stay hopeful when so much around us feels wrong? How do you keep going? What do you hold on to when it gets hard?"

MINA

(with a deep, thoughtful pause)

"Hope isn't loud. Some days it barely whispers. And there are mornings when getting out of bed feels like the bravest thing I'll do all day. But hope doesn't mean pretending everything is okay – it means believing in the possibility of something better.

Sometimes, it is a message from someone I have never met. Sometimes, it is the memory of stranger's kindness. Sometimes, it is a breeze on the walk to school that reminds me the world still turns, that light still exists. And sometimes, it is simply deciding to try again – even when I don't know what comes next.

I keep going because I believe in the possibility of better – not because it is guaranteed but because it is worth the risk. I receive messages from young people sharing their struggles and their dreams

(pause, her expression becoming more reflective)

"Grades are tools, not identities. I stopped chasing a number when I realized it couldn't see me. And I started showing people who I really was. And I let them love that version of me.

Sure, doing well in school matters, but so do the things I love: my hobbies, the relationships I build, and the moments I feel most alive. Even if I don't get into top schools, that doesn't define my future. What matters is what I choose to do with my life after school, right? Find schools that wants you – not one you have to shrink for. And if they don't want you, that is not your failure. It is their loss.

As for navigating the system, it's hard, but my opinion would be to find a balance. Focus on doing our best but also take time for ourselves. After discussing this matter with my parents and showing what my true passions are, they accepted me. I stopped obsessing over staying in the top 10 at school. I chose to focus on what is right for me. It's okay to have struggles, and it's okay not to be perfect. And if you ever feel overwhelmed, reach out to someone you trust – whether it's a friend, teacher, or family member. You are not alone in this."

(she looks out, her voice softer now)

"So let me ask you one more thing. What keeps you going when everything feels overwhelming? What gives you even the smallest school, this country might feel."

AUDIENCE MEMBER 5

"I want to believe that. But we, as students, are still stuck with the pressure to move on to the next stage in school, only for the cycle to repeat. What do we do when the system keeps measuring us in ways that erase who we really are? How do you think this test-driven culture affects us individually?"

MINA

(looking around the room, her gaze steady)

"I totally get where you're coming from. It's like we're all caught in this endless cycle of grades and rankings, and sometimes it feels like we're just numbers on a page instead of real people.

A few weeks ago, I saw on the news about a high school student who ended his life because he was rejected from all the Ivy League schools he applied to. He had nearly perfect grades, high SAT scores, and an amazing list of extracurriculars. In his final note to his mom, he wrote, 'Mom, I'm sorry.'

Why? He did everything right. But the system told him he wasn't enough, when the truth is he was more than enough. But society puts so much emphasis on scores and rankings that it often forgets to value the person. I don't have all the answers. But I do know this: your worth is not conditional. It is a truth you already carry."

my GPA. But I don't know what kind of world would even let that happen. What do you think we need to build a society where purpose matters more than perfection?"

MINA

(smiling, passionate about the question)
"We start by valuing different kinds of intelligence. Emotional insight. Generosity. Perspective. It's about honoring our differences – whether we're young or old, and whether we're on the same path or not.

When I volunteered at a community garden, I saw people of all ages working together. No one was trying to prove themselves; each was just offering their skills and perspectives. It wasn't about who was faster or who had more experience – it was about creating something beautiful together.

So what if our communities worked like that? What would it look like if we stopped focusing on perfection and instead started celebrating imperfection as part of the process? How can we, as a society, build a world where everyone's unique contribution is valued?

Maybe we don't need to wait for that world. Imagine If we began every interaction by asking 'What can I give?' instead of 'What can I gain?' If we move beyond traditional definitions of success and lean into mutual growth, maybe then we can start building a future that truly feels like our own. Imagine how different this room, this what you did – sitting beside someone in pain and choosing to stay.

A few friends and I recently organized a mental health awareness event at school. It wasn't big. No fancy funding but just open space, open conversation, and snacks. It grew from a small idea to something larger; now, students, teachers, and even parents are talking about mental health in ways they never did before. It grew because it was real. And because people are starving for that kind of connection.

You made a choice to sit with someone. That is the beginning of everything. So keep showing up. Small gestures grow roots. You never know who is watching or who might carry it forward."

(she stops, breathes in slowly)

"So let me ask you all – How do you want to be remembered? What legacy do you want to leave behind? Will it be the grades you earned, or the lives you touched? The world you helped shape? We may each have different answers, but I believe our purpose will always be found in the way we build each other up, not just compete against one another."

A girl near the center raises her hand.

AUDIENCE MEMBER 4
"I think about that a lot…and I don't want mine just to be about

(MNA scans the room, her voice soft but insistent.)

"When was the last time you did something that wasn't productive but meaningful? How did you feel while doing that?"

There is a long pause. Then a girl seated near the aisle raises her hand slowly, her voice quiet but sure.

AUDIENCE MEMBER 3

"I think…the last time I felt that was when I helped a friend who was going through the loss of her pet. I didn't know what to say, so I just sat and cried with her. It wasn't much, but it felt more real than anything else that day.

And now that you talk about collective strength and mental health, I wonder how we can do more of that. How do we take those feelings of community and turn them into something bigger? What role do you see for us as young people in actively changing the system? How do we not lose them in anything else… because I feel like our voices often get drowned out by the noise of societal expectations and the status quo."

MINA

(eyes lighting up, leaning forward)

"That is exactly it. That small moment? That is change. You don't need a plan to start a movement. You just need a moment that means something – and the courage to stay with it. It starts with exactly

MINA

(smiling thoughtfully)

"That is such an important question. And you have already done something powerful by saying it out loud. We must remember that they grew up in a different world. They lived through war, poverty, and hardship – their values were shaped by survival and sacrifice. Their values often came from needing security. They didn't have the space to name their pain, so sometimes they can't recognize ours.

When I told my parents how anxious and burnt out I felt, they didn't get it at first. But over time, by showing them – not just telling them – how much better I felt when I prioritized my mental well-being, they started to listen. It took patience and repetition. And sometimes, silence after saying the truth.

We can't just wait for them to change. We must live the change. By acknowledging that, we create space for respectful dialogue. Then we can gently introduce how our generation views the world differently: we value mental health, balance, and diverse career paths because we believe success isn't just about stability, it is about fulfillment too.

It's about finding common ground – highlighting how embracing different paths can create a more inclusive, healthy society. I encourage you to share your experiences, listen to them, and find ways to bridge the gap together."

ladder, but a path? What if our purpose is found in what makes us feel alive – our creativity, our passions, our kindness?

When I started volunteering at a youth center, I felt something I had never felt from a report card: a connection. Contribution. A sense of being needed. So maybe the purpose doesn't arrive all at once. Maybe it grows from small choices – helping someone, starting a conversation, exploring something that makes you feel alive.

What is something you could try this week, not to impress anyone but just to feel more like yourself? What small steps could you take today to start building your own sense of purpose, beyond what society expects?"

MINA
(pauses and looks out at the audience)
"And here is something else to think about – how often do you actually check in with your mental health? Are you okay? Do you ever give yourself moments to reflect on how you're really feeling? Or do you push those feelings aside just to keep going?"

AUDIENCE MEMBER 2
"I don't think I do. I don't think most of us do. And when I try to talk about the struggles with my parents, they say it is natural for students to feel this way. That I am being too sensitive. How do we bring older generations into this conversation? How can we help them understand that we are not being dramatic, that we are not just "tired"?

[AUDIENCE Q&A SESSION]

MINA

(with a thoughtful expression)

"Before we begin our Q&A, I want to invite each of you to reflect on something for a moment. What does success truly mean to you? Is it the grades on a paper, the approval of others – or is it something deeper, something uniquely your own? Keep that question in mind as we go through this session. Sometimes, it is the questions we ask ourselves that guide us closer to what we truly need for a fulfilling life."

AUDIENCE MEMBER 1

"MINA, you've spoken so passionately about breaking away from societal pressures and finding purpose beyond grades and titles. But for many of us, especially those of us still in school, it feels like the pressure is inescapable. How can we truly find our purpose when the world around us still measures success only through academic achievement?"

MINA

(nodding empathetically)

"I know what that feels like. It feels like the pressure is all around us, and I struggle with it too.

But I want to challenge the idea that the definition of success we have inherited is the only one that exists. What if success isn't a a leader, a voice for change, a guide of hope for those who have struggled in silence.

The room holds its breath. And then, slowly, the silence breaks.

It begins as a few tentative claps, scattered across the room. But quickly, the applause grows, swelling into a powerful sound of affirmation. The noise of approval is overwhelming but profoundly moving. She stands there, wide-eyes, tears welling up as she realizes this is not applause just for her – it's for every young person who has felt the same pressure, the same anxiety, the same doubt. It's a collective cheer for all the voices that have been too quiet for too long.

As MINA smiles, her chest swelling with emotion, she realizes just how far she has come. The girl who once whispered her doubts in the dark has stepped into the light. She has found her voice – clear, unwavering, and unapologetic. And she knows that this moment is the beginning of something much bigger. She looks at the crowd, and they are no longer a sea of strangers. They are a mirror. A room full of people who, for one small moment, recognize themselves in her. She has inspired so many others, and together, they are building something that has the potential to reshape the future. A movement not rooted in perfection but in honest imperfection. In the strength that comes from being vulnerable. In the belief that every voice, no matter how quiet, matters.

MINA

"There were days I thought I wasn't meant to be here. Because I couldn't keep up. Because I couldn't breathe the way they told me to. But I know now – no one should have to earn the right to live from our school, not from our schools."

The room stays still, but it is not the same kind of stillness. It is heavier now. Intentional. She doesn't raise her voice. She doesn't need to.

MINA (CONT'D)

(with renewed determination)

"There is always a reason to live. Even in the darkest moments, when the weight of the world feels unbearably heavy, we still hold the power to create something meaningful. We can transform our pain into purpose and our struggles into strength. We are not defined by the pressures we have endured, but by how we rise through them: how we protect our well-being and choose to build a future rooted in love, connection, and resilience.

So no, I won't be perfect. I will be alive instead. If you are here, so am I. And I will stay until you can breathe again."

The words come easier now, flowing from a place deep inside her – words she once thought she'd never be able to say, words that have been waiting to be spoken for so long. She is no longer a teenager caught in the endless web of competition and expectations. She is than any fear she carries.

MINA moves toward the podium and exhales. The microphone hums faintly as she leans in. She inhales, lifts her chin, and lets the microphone carry her words; when she begins, her voice is softer than expected but certain.

MINA

(with steady conviction)

"We are the generation that will change the world – not by conforming to what has been handed down to us, but by forging our own path, our own purpose. We have been told for so long that success lives in numbers, in rankings, in titles, and in external validation. And so we have learned to chase things we don't believe in, to silence ourselves just to keep up, and to burn through our youth and call it preparation for a better future.

But that is not why we are here. That is not why we are alive."

She pauses. Not because she forgot the next line, but because she wants her words to settle over the audience. MINA looks out at the rows of young faces. She sees the tiredness in their eyes, the exhaustion of a generation that has been pushed to the brink. Some heads are down. A few have closed their eyes. But she also sees something else: an unspoken longing for change, a collective desire for something better. The flickers of hope carefully hidden beneath practiced expressions.

[INT. BUSAN NATIONAL YOUTH CONFERENCE – DAY]

MINA stands still at the backstage, the edges of the folded speech in her hand worn soft from being held too tightly for too long. Her name echoes through the speakers, and she steps into the light. The stage feels vast beneath the bright lights, and the air changes with quiet anticipation. Beyond it stretches a sea of young faces from across the country, all gathered for the same reason: to find hope and to hear the voices that might speak the truth they have been carrying in silence.

MINA can feel her heart pounding, each beat faster than the last. It's the kind of nervous excitement that makes her palms sweat and her breath catch in her throat. This is the largest crowd she has ever faced. For a split second, the weight of it all presses down. But she steadies herself, knowing this moment is larger than she is – greater

Chapter 6 :
Building Hope in a World of Uncertainty

NARRATION South Korea stands at a crossroads, facing the challenge of building hope amid growing uncertainty. Academic pressure weighs down on its youth, while the stigma surrounding mental health prevents many from seeking the care they need. This unrelenting pressure leads to stress, burnout, and emotional exhaustion that leaves young people struggling to stay afloat.

The country's economic landscape is equally uncertain. Youth unemployment remains persistently high, and a rapidly aging population places additional strain on public resources and the labor force. Meanwhile, gender inequality and a deeply entrenched culture of overwork restrict personal development and the pursuit of a balanced, fulfilling life.

But perhaps the most divisive force of all is political polarization – a barrier to meaningful reform, as conflicting ideologies obstruct the alignment of national needs with long-term vision.

To overcome these challenges, South Korea must embark on a path of systemic change. The road ahead demands expanding access to mental health support, reimagining its education system, creating inclusive and sustainable job opportunities, and shifting cultural values that prioritize well-being over productivity.

Only then can the country cultivate a future full of hope – where individuals thrive, not just survive.

— ✦ **REFLECTION**

If you scan the QR code after reading this chapter, you can record your thoughts and read what others have shared. Once you're connected, please click on the video labeled "CHAPTER 5."

For Students: Has chasing success ever made you feel burned out or unseen? Where do you think that pressure really comes from, your family, school, or society?

For Parents: In your hopes for your child's future, have you ever prioritized achievement over emotional well-being? What does success truly mean to you when you think about your child's happiness?

For Educators: How can we, as educators, create a space where students are valued for whom they are–not just for how they perform? What would redefining 'success' look like in your classroom or school?

related to academic stress.
- Choi, Y. (2019). "Socioeconomic Inequality in South Korea's Education System." International Journal of Educational Development, 67, 123-134. Examines economic disparities in the education system, focusing on private education's role.
- Park, H. (2020). "The Changing Perspectives on South Korea's Education System." Asian Education and Development Studies, 9(2), 157-171. Analyzes the shift toward alternative education and work-life balance in South Korea.
- Lee, J. J. (2023). "Declining Birth Rates and Education in South Korea." Journal of South Korean Studies, 12(1), 88-102. Discusses the demographic challenges and the role of education in the declining birth rate.
- Korean Ministry of Education (2022). Annual Report on Education in South Korea. Provides an overview of education trends, reforms, and the role of private academies.
- CSAT and the Need for Reform." Asia Pacific Education Review, 16(1), 1-15.
- Lee, Y. (2019). "Education Reform in South Korea: Addressing the Negative Impact of the Hakwon System." Asian Education and Development Studies, 8(3), 309-324.
- Shin, H. (2018). "Public vs. Private Education in South Korea: A Comparative Study." International Journal of Educational Development, 60, 125-134.
- Lee, H. (2020). "Alternative Education Options in South Korea: Promoting Equity through Public After-School Programs." Journal of Alternative Education, 21(2), 104-118.
- Kim, Y., & Park, S. (2021). "Breaking the Cycle of Private Education: The Need for Accessible Public Alternatives." Journal of Korean Educational Policy, 16(3), 212-230.
- Lee, J. (2018). "The Role of Community Engagement in Educational Policy Reform in South Korea." Asian Journal of Educational Policy, 25(1), 61-75.
- Park, E. (2019). "Innovative Learning Approaches in South Korea: The Rise of Project-Based and Digital Education." Journal of Educational Innovation, 30(4), 142-158.

Parents are questioning. Teachers are listening. And students, who are at the very heart of the system, are finding the courage to speak out. Together, they are challenging long-held ideas about what it means to succeed.

Mental health, once a taboo subject, is entering the national conversation. Alternative paths like vocational schools, creative programs, and even gaps for self-discovery are slowly gaining acceptance. And a new generation is daring to ask: what if happiness, well-being, and purpose mattered just as much as grades?

In a society once driven by rankings and reputation, the tide is beginning to turn. And at the center of that change is community. The future of education in South Korea may no longer rest solely on exams but on the collective will to build a system that nurtures not just achievement but the human spirit.

References

- Kim, S. (2016). "The Educational Crisis in South Korea: A Social-Structural Perspective." Journal of Educational Administration and Policy, 1(2), 45-67. Explores the social pressures and mental health challenges caused by South Korea's education system.
- Cho, S. H., & Lee, H. J. (2015). "The Impact of Private Tutoring on Academic Achievement in South Korea." Asia Pacific Education Review, 16(3), 373-386. Discusses the effects of private tutoring on academic achievement and social inequality.
- OECD (2022). Education at a Glance 2022: OECD Indicators. Provides data on South Korea's education outcomes and the impact of academic pressure.
- Jang, H. M., & Lee, J. (2021). "Mental Health Issues Among South Korean Adolescents: The Role of School and Family." Journal of Adolescent Health, 69(4), 650-657. Investigates the mental health challenges among South Korean teens

xities of being human; where emotional and mental well-being is prioritized over the pursuit of perfection.

She knows that the road ahead for change won't be easy. The cultural mindset of perfection and competition runs deep, woven into her family, her school, and society at large. It will take time to undo all the damage it has caused. But with each small shift, every honest conversation, MINA feels a renewed sense of hope. She knows she's not walking this path alone anymore. MINA smiles, feeling the warmth of her family's understanding and the support of the growing community around her.

> **NARRATION** In South Korea, education is more than a personal journey – it is a national mission. From the earliest years of childhood, students are ushered into a culture where academic excellence isn't just encouraged but demanded. Success in school is seen as the gateway to opportunity, social standing, and family honor. It is a collective endeavor. Families sacrifice time and income, schools intensify performance pressures, and communities uphold the tradition of achievement. Long study hours, late-night tutoring, and unabating competition have become fixtures of life in South Korea. Yet beneath the surface of high test scores and global rankings, a different story unfolds – one of mounting stress, silent struggles, and emotional exhaustion. For many of South Korea's youth, the pressure to excel comes at a staggering cost.
>
> Now, a quiet movement is beginning to stir.

changed.

Tonight wasn't just about one conversation. It wasn't just about fixing things with her mother, or her father. It was about recognizing the cracks in the walls they had all built, and realizing that love didn't have to be conditional, or earned, or hidden behind fear.

Her parents are not perfect. Neither is she. But the walls are beginning to come down, brick by brick.

Her mother apologized for the pressure.
Her father had admitted his fear of failure.
And MINA allowed herself to forgive them both – and to forgive herself, too.

Healing wasn't perfect. It was messy. Slow. Full of awkward silences and painful truths. But it was real.

As she reflects on the progress, MINA feels the weight of what she has begun to build. This movement, this change, isn't just her own history. It's a collective one, a revolution in how youth, success, and mental well-being are understood. Change is slow, but it is filled with possibility.

For MINA, the road ahead is finally clear:
a future where youths are seen as human beings, not machines;
where parents, teachers, and students alike embrace the comple-

just like I was.

I don't need you to be perfect. I just need you to be here. To see me – not for the grades and achievements – just... me. And I want to see you, too – you, not the man who's always worried about the future, but the man who has right now."

MINA'S DAD

(his voice breaking, a quiet sob escaping)

"I see you now, MINA. Not as a reflection of my fears. Not as a project to be perfect. I see you, my daughter, and I am proud of you. So proud just for being you."

This man, who had always been so fixated on academic achievement as the sole indicator of success, was beginning to see beyond the surface. He learned that true success wasn't about outward accomplishments but about living honestly, following one's passions, and caring for the heart within.

It is a breakthrough that floods MINA with quiet relief. They sat there, hands clasped tightly, as years of unspoken pain slowly started to heal.

[INT. LIVING ROOM – NIGHT]

Later in the couch, MINA sits by the window staring out at the night sky. The house is quiet, but her mind hums with everything that's

MINA'S DAD

(his voice cracking with guilt and pain, quietly)

"I didn't know how. I thought if I showed weakness, our family, everything, would crumble. I've spent my whole life so terrified of being left behind.
I didn't enjoy my youth.
I didn't know how to live in the present.
I only knew how to prepare for later.
I was too busy thinking about what would happen next, too focused on the future. And I made you do the same."

MINA

(with a mixture of sorrow and understanding)

"You were trying to protect me. I see that now. You thought survival was love. But I don't want to be stuck in that world where everything is about survival, Dad. I want to live."

MINA'S DAD

(tears brimming in his eyes, his voice almost whisper)

"I've been so afraid, MINA. I am so sorry for making you believe you had to be perfect to be loved. I never realized that happiness... that peace... isn't something we earn or fight for every day. It's something we allow ourselves to feel."

MINA

(softly, her heart aching for him)

"You weren't trying to hurt me. You were just trying to survive...

had to prove something to you to make you proud. But it was never about that, was it? You were just... scared. Scared of losing, scared of time running out."

MINA'S DAD
(with a hint of resignation in his eyes)
"You cannot imagine how many times I wanted to give up. When I was young, after I got married, and even after we had you. It always felt like I was one step away from falling apart. We say 'I want to die' so easily... But we never truly understand the weight of those words until we feel it deep inside."

(pauses, gathering himself)
"I didn't even know how to end it. Maybe I was too terrified to follow through. It wasn't about wanting death – it was the crushing weight of everything – responsibilities, expectations, endless uncertainty, and the failures that kept piling up. I was trapped. And didn't know any other way out."

MINA
(staring at her dad, voice trembling)
"Dad... I didn't know. I didn't know you felt that way. You always seemed so strong."

(she pauses, trying to process her emotions, her voice softens)
"Why didn't you ever tell me? Why didn't we ever talk about it? We could've helped each other...we still can."

He pauses, struggling with the weight of his own words.

MINA'S DAD (CONT'D)

"Maybe success isn't just about achieving the highest score. Maybe it's about living with purpose. I wanted to give you the best. But now I see... I never stopped to ask if it was really the best for you. Or even for myself. I forgot how to live in the present, how to find joy in now."

MINA

(eyes widening, voice shaky)

"Dad... What are you saying? You've always pushed me to be the best, to excel... I thought it was because you wanted me to be happy, to have a future... I thought it was love."

MINA'S DAD

(cutting in, voice raw with emotion)

"It was love. But a broken kind of love. I wanted you to have a future, yes, but I didn't realize that all I've done was rob you of your present. I never gave myself permission to enjoy life, to simply be. I spent every day preparing for tomorrow – getting ahead, surviving, surviving, always surviving. I was focused on surviving tomorrow; I forgot to live today. And I passed that fear onto you."

MINA

(voice breaking as the realization hits her)

"All these years, I thought you wanted me to be perfect. I thought I

Yet lately, MINA begins to notice subtle changes in him: a softer look when he listens, a hesitation before offering advice, and a rare silence where once there would have been pressure.

One evening, after dinner, something different happens. MINA's father lingers in the living room instead of disappearing into work or distant worries. He sits across from MINA, an unusual heaviness in his posture. He clears his throat once, twice, then speaks – his voice low.

MINA'S DAD

(a deep sigh escaping him)

"I used to believe that if I worked hard enough, if I sacrificed enough…I could buy your happiness. I thought giving you everything I never had would protect you. I thought success would guarantee you a better life."

mother didn't focus on the A-minuses or the tests I didn't ace. She focused on me–on my well-being, my emotional health, and the toll that years of quiet struggle had taken.

And maybe even more important than her words was the way she reached out and held my hand, gently, like she was afraid she had missed too many chances before.
It was a small moment.
But for me, it was everything.

Tonight, I realized healing doesn't always come in big, dramatic moments. Sometimes, it comes in a quiet apology. In a handheld tighter. In a simple sentence: "I see you now."

And sometimes, that's enough to start again.

- M

[FADE OUT]

[INT. LIVING ROOM – EVENING]

MINA's father, too, begins to show more compassion – not just toward MINA, but toward the concept of mental well-being. He is often a reserved presence in their home, his focus centered on financial matters, long-term plans, and the practicalities of survival.

in the dark room. She knows what she needs to say.

Title: Being Seen

Tonight, something happened that I thought might never happen. For as long as I can remember, my life felt like a checklist. Grades. Awards. Competitions. Extracurriculars.
Every achievement was like a small ticket towards being "enough." And for just as long, it felt like my worth was measured by numbers I could never fully control.

But tonight, my mom sat down with me. Not with questions about my test scores or concerns about what more I could be doing. She sat there with a different kind of look in her eyes–one I had been waiting to see for what feels like my entire life. That was a look I remember from so long ago: when a scraped knee was enough to earn her embrace, when finishing a meal brought praise, when all she wanted was for me to grow up healthy and happy. It was a look I had only seen in distant memories or in dreams during the nights when I cried myself to sleep, wishing for the mother who once loved me simply because I existed–not because I succeeded.

And tonight, that look was real again.

She apologized. Not just for the pressure, but for not seeing the weight I had been carrying all these years. For the first time, my

MINA'S MOM

"I made you believe that your worth was tied to your achievements. And I was wrong. You deserve to be seen for who you are, not just for what you achieve. I am so sorry I didn't see it sooner."

MINA

(with a forgiving smile, wiping her tears with the sleeve of her sweater, whispering)

"It's okay, Mom. You don't have to be perfect either. I just needed you to see me."

MINA'S MOM

(softly, holding MINA's hand)

"I see you now, MINA. All of you. I'm here for you, just as you are."

[FADE OUT]

[INT. MINA'S ROOM – NIGHT]

The door closes softly behind MINA as she returns to her room. She sits on the edge of her bed, staring into the dark for a long moment. She thinks about her mother's eyes. The way it softened, the way they reminded her of a time when being alive was enough to be loved. And tonight, somehow, it wasn't just a dream.

Slowly, MINA reaches for her laptop. The screen lights up her face

"Mom, what do you mean?"

MINA'S MOM

(voice trembling)

"When I was your age, it felt like the only way to survive was to succeed. Everyone around me believed that getting into a good university was "the right path" – it meant pride for the family, it meant stability, and it meant respect. I grew up thinking that love and success were the same thing. So when you were growing up…I thought I was protecting you. I thought I was equipping you with the tools you needed to be happy."

She pauses, her eyes misting over.

MINA'S MOM (CONT'D)

"But in doing that, I forgot to look at your present. I see now…I wasn't really seeing you. I never really stopped to ask if you were okay. I was chasing the life I was told to chase. And that made you carry that same burden without even realizing it."

MINA

(blinking back tears, voice small)

"I just wanted to make you proud. But no matter how hard I tried, I felt like it was never enough."

MINA's mother closes eyes for a moment, as if bracing against her own guilt. Her voice breaks with regret.

[INT. LIVING ROOM – EVENING]

The room is dimly lit, quiet. MINA sits curled up on the couch. Her mother walks in, hesitates for a moment, then slowly sits beside her.

MINA'S MOM

(softly, after a long pause)

"I didn't realize… I didn't understand how much pressure you were under. Maybe I've been too focused on grades and not enough on your happiness. I thought I was helping by pushing you to do your best. But now I see that my expectations were making things harder. I'm sorry."

MINA

(surprised by the vulnerability in her voice, turning to her mother)

It marks a cultural shift.

Society no longer views youth struggles not as inconveniences or signs of failure, but as valid, urgent issues that deserve attention and compassion. No longer are young people seen as "too sensitive" or "overreacting" – instead, their pain is recognized, their voices are amplified, their experiences honored.

For MINA, watching these transformations is nothing short of miraculous. She sees students standing a little taller, speaking a little louder. They share stories of stress, loneliness, and despair, but also of hope, healing, and resilience. The youth are reclaiming their power, redefining success on their own terms, and rewriting the cultural narrative about what it means to grow up in Korea.

But the changes don't stop at schools or community centers. MINA begins to see shifts within her own family, in ways she never expected. One evening, after attending one of MINA's community workshops for parents, her mother returns home with a new look in her eyes – one of realization and understanding. She approaches MINA, her expression soft and thoughtful, a quiet remorse in her gaze. For the first time, MINA hears something different in her mother's voice – not expectations, not judgments, but recognition. A simple, fragile honesty: an acknowledgement of the weight MINA has been carrying all this time.

The movement MINA sparked begins to take shape. What once started as a quiet, personal initiative gradually transformed into a powerful wave of change. Her blog, which started as a space for personal reflection now serves as a platform for a community of young people who are tired of feeling invisible, pressured, and misunderstood. Students from all over the country, weighed down by continuous academic expectations and societal demands, join the conversation about mental health and well-being.

Schools, initially indifferent to the struggles of their students, start to take notice of this growing conversation. Teachers who had long dismissed mental health challenges as mere phases or signs of weakness begin to attend workshops, read the stories shared by the youth, and engage in meaningful dialogues about the importance of emotional well-being. The walls that once kept these conversations silent begin to crack, and eventually to crumble. The voices of the youth are not only heard but taken seriously.

In the wake of MINA's advocacy, mental health awareness programs are introduced in schools. Students are finally given safe spaces to discuss their emotions and experiences without fear of judgement or ridicule. Youth centers are opened, offering a sanctuary for young people to come together, share their stories, and seek support. These centers are staffed with trained professionals who help guide students through their mental health challenges, while also encouraging peer-to-peer support.

Chapter 5 :
The Role of Society and Community

NARRATION South Korean society plays a crucial role in shaping education, mental health, and social expectations. Academic success is deeply ingrained in the national identity, with families, schools, and communities emphasizing high performance as the pathway to stability and success. However, this pressure contributes to mental health challenges, with stigma often preventing open discussions about stress, anxiety, and burnout. While awareness campaigns and counseling programs are emerging, change is slow and cultural resistance remains strong.

Older generations prioritize economic responsibility and family honor above all else, often making financial sacrifices for their children's education. This heavy emphasis has contributed to South Korea's declining birth rate, as families hesitate to have multiple children due to the overwhelming cost of education. Younger generations, however, are beginning to push back. They question rigid academic pathways, explore alternative careers, and seek better work-life balance.

While educational reforms now encourage creativity and critical thinking, the competitive culture of exams and rankings remains dominant. More families are considering alternative education options, such as international schools and vocational training programs. Societal expectations are evolving, but slowly. Even as attitudes toward success and academic well-being begin to change, South Korea's education system and community values continue to shape perspectives on success and well-being of its youth.

References

- Statistics Korea. (2020). 2020 Statistics on the Elderly. Retrieved from https://www.kostat.go.kr
- Korea Institute for Health and Social Affairs (KIHASA). (2020). Elderly Poverty in South Korea: Challenges and Policy Recommendations. Retrieved from https://www.kihasa.re.kr
- OECD. (2020). Pensions at a Glance 2020: OECD and G20 Indicators. OECD Publishing.
- Korean National Statistical Office. (2020). Elderly Living Alone in South Korea: Trends and Insights.

✦ REFLECTION

If you scan the QR code after reading this chapter, you can record your thoughts and read what others have shared. Once you're connected, please click on the video labeled "CHAPTER 4."

1. MINA started her blog by telling the truth about her pain. If you had a space to share something you've been carrying alone, what would you say? Who do you think needs to hear it?

2. Have you ever spent time with an elderly person who felt isolated or overlooked? What did you learn from that experience?

So, how do we begin to bridge the gap between generations? How do we help the elderly reconnect with purpose and rediscover joy in the present moment? The struggles faced by the older generation are not unique to South Korea. Across the globe, the burdens of raising families, enduring economic pressures, and suppressing one's own dreams for the sake of others leave lasting emotional and physical scars. In the end, many are left with little but physical pain, financial strain, and the time they cannot reclaim.

Yet even in the face of decline, every person deserves meaning. Every life, at every stage, deserves purpose and a life free from regret. So, how can they rediscover meaning in their later years? For many, it starts with connection: rekindling bonds with family and friends, sharing stories, passing on wisdom to the next generation, and feeling seen again. These moments of exchange can spark new purpose, offering both peace and pride in what they have lived through.

Beyond relationships, meaning can also come through hobbies, volunteering, creativity, or spiritual practices that nurture personal growth and provide a sense of contribution. Whether it's through creating something, helping others, or simply finding moments of joy in everyday activities, life doesn't have to stop at a certain age. It's never too late to embrace the present and seek happiness.

And so perhaps the greatest lesson in aging is this: purpose is not measured by productivity, but by presence. To savor the fruits of one's labor. To reflect. To rest without regret. To live – not just to have lived. One day at a time.

MINA

(feeling empowered)

"We are not the forgotten generation. We are the generation that will redefine success – and in doing so, we will bring hope and change to every corner of society, from our peers to our elders."

As MINA's platform grows, she becomes a voice for change, working alongside others who share her vision of a more connected, compassionate world. And though her journey is just beginning, she knows that by redefining success – by choosing connection over competition, her generation has the power to rewrite the future.

NARRATION Like many countries around the world, South Korea's aging population faces deeply personal and often overlooked challenges. This generation has lived through wars, economic hardship, and decades of hard labor to support their children and build the nation's prosperity. Now, in their later years, many are now left with physical ailments – aching knees, painful backs, deteriorating eyesight, and even cancer. As time passes, they also experience the gradual loss of memories, both joyful and sorrowful, leaving many to question the meaning of life as they navigate old age.

These are people who once carried the weight of an entire family on their shoulders, who rose early and worked late to ensure a better future for the next generation. Now, they find themselves waking up, taking the subway, and going through the motions of life without clear direction or purpose. For many, this daily routine is all that remains – the quiet resignation of a life well-lived, yet still uncertain of what comes next. They are left alone, forgotten, and silent.

One of her posts goes viral. In it, she writes about the silent epidemic of isolation – not only among students but among the elderly. She shares what she learned about Godoksa and trauma cleaners, about over 1.5 million elderly people in South Korea who live alone, many abandoned, invisible, and in poverty. The statistics are grim as many senior citizens live in poverty. Many resort to desperate measures, including suicide, unable to bear the emotional and financial toll of their isolation. She connects the dots between the youth crumbling under academic pressure and the seniors with no one left to call.

The message is clear: both generations are drowning in silence. Both are suffering, both are forgotten. But maybe, just maybe, they can help each other.

Determined, MINA expands her blog to include stories of the elderly: personal narratives, data, and calls for action. She writes about the trauma cleaners she first saw on YouTube, about the silent epidemic of lonely deaths, and about the need for intergenerational connection. She urges her peers to volunteer, to spend time with the elderly, to listen to their stories.

Her movement gains momentum. Students start visiting senior centers, organizing letter-writing campaigns, and advocating for mental health policy reform. Young people who once measured their worth in rankings begin to discover something deeper. Ture success isn't about individual achievement, it's about creating a society where everyone, regardless of age, feels seen and valued.

MINA leans back, stunned. What started as a quiet release is now a doorway. Someone out there saw her. And answered. She rereads it. Over and over. This isn't just a blog anymore.

Over the next few days, MINA keeps writing. She writes during lunch breaks, on the subway, late into the night – whenever the thoughts won't leave her alone. The blog becomes her space to breathe, to let go everything she had kept buried under pressure and performance. With every post, something inside her unravels then softens.

MINA's blog evolves into a platform for sharing stories about mental health and the pressures faced by South Korean youth. She shares her own stories – of burnout, of comparison, of losing sight of who she was beyond her grades. Her words are honest, vulnerable, and they resonate.

Soon, students across the country begin sharing their own stories in return. Messages of quiet gratitude fill her inbox:
 "I thought I was the only one."
 "Your words helped me get through the week."

MINA begins to heal slowly, not completely, but enough to keep going. And in the process, her words help others do the same. Together, they form a community – one that challenges the toxic norms they've been forced to accept. A quiet chorus begins to grow.

She types until her eyes sting and her thoughts begin to blur. She reads over her first post, hesitates just a moment…then hits publish.

No fanfare. No expectations.

She closes the laptop and crawls into bed.

[INT. MINA'S ROOM – MORNING]

Morning light spills through the curtains. MINA rubs her eyes, sits up, and lazily flips open her laptop. Just a quick glance before school.

She blinks.

Notifications. Comments. Shares.

Her blog post now has over 200 views. Then her eyes lock onto one comment:

> *anoncleaner_93*
> : "I clean the homes of those who die alone. Your words – thank you. No one really talks about this. I hope we become a society where no one is forgotten, and every life is treated with dignity– even in death."

want to say yet. But tonight, something changed...So here I am. Writing.

We live in a country where success is measured by rankings. Where your name feels meaningless unless it is followed by a score. And while we are all racing toward the top, people are quietly disappearing. Classmates, friends, and elders. Some take their own lives. Others are simply forgotten.

This blog isn't about answers. It's about honesty. I want to talk about what it feels like to be crushed under pressure. I want to talk about the loneliness of growing up in a system that never lets you breathe. I want to talk about the elderly who die alone in basement apartments while we look away.

Because we are not alone. And maybe if we stop pretending to be fine, we can finally start helping each other heal. If you are reading this and you've felt the same way - even once - please know this:

You are not a number.
You are not alone.
And your story matters.

Let's start telling it.

– M

[INT. MINA'S ROOM – NIGHT]

Later that evening, back in her room, MINA sits by her desk. The note from the activist rests beside her laptop. She replays the speech, her own quiet realization, the stories of both youth and elders who had been forgotten. She doesn't curl up in her sheets like she usually does each night. Instead, she opens her laptop, hesitates for a moment, then opens a blank blog page.

She writes a title: "We Are Not Numbers."

A deep breath. Then, slowly, she begins to type.

I didn't think I would ever start a blog. I'm not even sure what I

MINA

"I think I needed to hear that."

YOUNG ACTIVIST

"Then maybe someone else does too. Don't be afraid to speak. Even a sentence can be enough to make someone feel less alone. Your story could be someone else's reason to hold on."

She gently pulls the small, folded paper from her pocket and offers it to MINA.

YOUNG ACTIVIST (CONT'D)

"This helped me when I didn't know how to begin."

MINA opens it. It is a quote scribbled in careful handwriting: "When we speak, we begin to heal. When we listen, we begin to connect."

She looks up, eyes meeting with the activists. A quiet understanding passes between them.

YOUNG ACTIVIST (CONT'D)

"You don't have to fix everything. Just tell the truth. Say it your way. That is enough."

MINA nods, holding the paper tight in her hand.

world just yet. The air feels heavy with something unspoken – grief, yes, but also a fragile, emerging hope.

MINA stands, hesitates, then walks toward the activist, who is now sipping water off to the side.

MINA

"Hi… thank you for saying what you said. It felt like you were speaking to a part of me I forgot existed."

YOUNG ACTIVIST

(soft smile)

"Then I'm glad I said it. You are not alone. None of us are – not really."

No one taught them who they were outside of success. And when they realized they had no idea who they were outside of grades and exams, some couldn't bear it."

MINA swallows hard. She knows this is true. She's seen it happen. The activist takes a breath, scanning the room.

YOUNG ACTIVIST (CONT'D)
"But we are not alone. We are not powerless. If you are here with us, it means you already care. So let's carry this with us. Speak out. Reach out. Be the reminder someone else needs to keep going."

She steps back, hands trembling slightly, but her voice clear.

A beat of stillness.

Then soft applause begins, growing louder.

[INT. THE COMMUNITY EVENT – EVENING]

As the event comes to a close, the room begins to thin out. MINA stays in her seat, reluctant to leave the space that has stirred so much inside her. She watches as the activist offers quiet thanks to the volunteers, while small groups of students huddle together – some exchanging hushed words, others wiping away tears. A few sits in thoughtful silence, as if not ready to return to the outside about meaning. It's about our joy, our creativity, and our passion for life. That's what true success looks like."

MINA's thoughts are racing. For too long, she and her peers have lived in the shadow of expectations. And for the elderly, it was no different. Both groups were victims of a world that has failed them. But this – this is what she's been searching for. A way out. A new language for a life she has never dared to imagine. The activist's voice reaches something in her she didn't even realize was missing.

YOUNG ACTIVIST (CONT'D)
(softly, yet firmly)
"I know what it's like to lose hope. I tried to end my life once. I thought that if I couldn't meet the expectations, then maybe my existence didn't matter. But I was wrong. Finding meaning saved me. And now, I want to help others find their own meaning before it is too late."

The room is silent, heavy but not empty. There is grief in her confession but also strength.

YOUNG ACTIVIST (CONT'D)
"And maybe you've heard the stories. Students who worked their whole lives to enter Seoul National University's medical school, only to drop out or take their own lives within their first year. Getting in was never their dream – it was their parents'. They thought acceptance meant freedom, but it only deepened the void.

outperform, to always be more. The weight on her shoulders doesn't disappear, but it finally feels shared.

YOUNG ACTIVIST (CONT'D)
(continuing)
"Look around. Teen suicide rates are rising. We are told to suppress the pain, to ignore the voices inside our heads that tell us we're not good enough. But we don't have to accept that suffering is part of growing up. We don't have to believe that the only way out is through the tragic end that far too many of our peers choose. We are here to say that we deserve better. Our mental health matters. Our lives matter. And it's time we redefine what success truly means."

The activist pauses, letting the weight of the words settle in the room. The room holds its breath.

MINA feels it deep in her chest – a surge of truth and sorrow all at once. The suffocating competition, the constant comparisons, the sense of being reduced to a number, the isolation she has sometimes felt…It is a system built to break people, not build them.

YOUNG ACTIVIST (CONT'D)
(passionately)
"We are not just statistics. We are not a line on a graph. We are a generation that will not be forgotten. We will fight for mental health, we will fight for dignity, and we will fight for the future we can believe in. True success isn't just about numbers or rankings – it's

validation, but through purpose, well-being, and determination.

As the event begins, a young activist steps forward to the front of the room. Her voice is steady, her eyes alight with conviction.

YOUNG ACTIVIST

(earnestly)

"We are not the 'forgotten generation.' We are the generation that will change things. For too long, society has reduced us to our test scores, our GPAs, and our college admissions. But what about our lives? What about our mental health? What about the students struggling in silence and the elderly living in despair? We are not just here to survive. We are the generation that will challenge this. We are the generation that will fight for something more."

MINA listens, transfixed. Each word slices through the noise that usually clouds her mind: the suffocating pressure to be the best, to

Disturbed by this revelation, MINA feels a growing urgency: a need to understand, to connect, and do something. She learns of a youth-led event taking place later that week and decides to attend. It is hosted at a modest community center tucked between old apartment buildings, its worn façade contrasted by the vibrant energy spilling from inside.

[INT. THE COMMUNITY EVENT – DAY]

The room hums with conversation and anticipation. Students from different schools fill the space, some sitting cross-legged on the floor while others gather in circles with notebooks and homemade posters. Each of them carries their own stories of academic pressure, family expectations, and emotional burnout. But those struggles don't have to remain unspoken here. These are a group of passionate students eager to address the disturbing tragedy of uncertain lives.

The walls are lined with student-made art and handwritten messages. There are bright, bold reminders that mental health matters, that creativity is resilience, and that success should not come at the cost of one's soul. There is a photo card of lost friends, an open journal where attendees can write messages of hope, and a small corner where music softly plays, curated by students who use sound as therapy. The air buzzes with energy as these young people prepare to redefine success – not through test scores and external a stranger, or someone lost in obscurity – makes the issue feel urgent and deeply personal. It stings in a way she cannot explain. In that moment, MINA realizes she can no longer look away. These are not just stories; these are lives quietly unraveling right here in the corners of her own city. And now, she sees them. And that changes everything.

NARRATION South Korea is facing a profound demographic crisis as its population rapidly ages, with one of the highest proportions of elderly citizens in the world. By 2025, nearly 20% (1 in 5) of South Koreans will be over 65, a trend that is expected to rise sharply in the coming decades. This shift has created what many call a "forgotten generation," where many elderly individuals experience severe poverty, social isolation, and neglect.

In fact, over 40% of South Korean seniors live below the poverty line, which is the highest rate among OECD countries. This financial hardship stems from a combination of insufficient pension coverage, limited personal savings, and the erosion of traditional family support structures.

Many elderly citizens are abandoned by their children, either due to economic pressures or the migration of younger generations to urban areas or abroad in search of opportunities. As a result, a growing number of seniors live alone, often facing extreme loneliness and emotional distress. Some die without anyone noticing -unattended deaths that reflect a deeper social failure.

With limited social safety nets and community infrastructure, South Korea's aging population is placing unprecedented strain on healthcare and welfare systems. These silent tragedies call for urgent and comprehensive reforms to protect the elderly and to rebuild the intergenerational bonds that once sustained them.

narrow terms. But now, she sees another side of despair: one that unfolds in silence behind closed doors. The forgotten youth, lost in a cycle of pressure and perfection. The elderly who fade away unseen and unattended. Two generations both trapped in different forms of isolation.

This revelation shifts something in her. As if a veil has lifted, MINA begins to notice what was always there. The hunched figures on the subway, the elderly collecting cardboard on cold sidewalks, the flickering lights in jjokbangchon (쪽방촌, cubicle villages) rooms and basement flats. Faces she once passed by now seem impossibly vivid. She recalls a personal encounter that lingers in her mind: the elderly woman she helped just a few days ago. She remembers the curve of her spine, her calloused hands, and the way her quiet eyes lingered just a second too long as if searching for something or someone.

As she scrolls through the comments under JUNWOO's YouTube video. Most are shocked. Some are supportive. But one in particular stand out:

> "We recently found an elderly woman three weeks after she passed. No one checked until the next rent was due. She used to bring us rice cakes during the holidays. None of us even knew her name until we read it in the obituary."

A simple but raw message about another lonely passing – a neighbor, what was once someone's home. She watches as the team silently equip themselves with protective gear – gloves, masks, goggles, and boots – their movements rehearsed but solemn. It is as if they are stepping into a nuclear fallout zone.

The video follows JUNWOO, a trauma scene cleaner, as he prepares to enter yet another neglected apartment. He works with a quiet precision, safeguarding himself against biohazards like bacteria, the stench of rotting flesh, and the haunting presence of death. These professionals, often called "memento organizers" or trauma cleaners, take on the heartbreaking task of cleaning up after lonely deaths (godoksa, 고독사) – cases where people, often the elderly or socially isolated, pass away unnoticed. Sometimes, their absence goes unregistered for weeks or months. The job is not just about sanitation; it is about confronting the final traces of forgotten lives and restoring a semblance of dignity to lives long forgotten.

A chill settle over MINA. She had never imagined that such a profession existed, let alone that it was often carried out by young people who once lived ordinary lives as office workers or students. How could this be real? How could this be happening in a country as developed and modern as South Korea? How could a 'future-focused' society let people die alone, only to be cleaned up afterward like a stain?

She thinks of the pressures she and her peers face, the suffocating academic grind, the societal expectations that define success in such

Chapter 4 :
Redefining the "Forgotten Generation"

[INT. MINA'S ROOM – EVENING]

One evening, MINA scrolls through YouTube until she stumbles upon a video that catches her eye. Without thinking, she clicks, then freezes. The screen shows a group of young people dressed in black hazmat suits, carefully stepping into a cramped, dimly lit room. The air seems thick with decay, heavy with silence, the walls stained with time and tragedy. Crawling maggots, swarms of flies, and the overwhelming presence of bodily fluids paint a grim portrait of

✦ REFLECTION
If you scan the QR code after reading this chapter, you can record your thoughts and read what others have shared. Once you're connected, please click on the video labeled "CHAPTER 3."

1. Think of a time when you felt overwhelmed or unseen. Have you ever wanted to talk to someone about stress or burnout, but held back? What made it difficult to open up? What helped you get through it–or what do you wish someone had said or done for you in that moment?

2. Have you ever related to something a celebrity said about mental health or emotional pain? How did you feel when you first heard about a public figure or celebrity who took their own life? Why do you think it affected you?

References

- Korea Suicide Prevention Center (KSPC). (2020). Annual report on suicide statistics and prevention efforts. Retrieved from KSPC website.
- OECD. (2020). Suicide rates among OECD countries: 2020 report. OECD Health Statistics. Retrieved from OECD Health Website.
- Choi, S. (2018). Suicide in South Korea: The social and cultural factors contributing to the high suicide rates among youth. Asian Journal of Social Science Studies, 4(2), 50-62.
- Park, J., & Lee, S. (2021). Impact of academic pressure on the mental health of South Korean adolescents: A review of literature. Journal of Korean Youth Studies, 29(1), 123-140.
- Kim, M., & Park, S. (2019). Addressing the mental health crisis in South Korea's education system. International Journal of Mental Health, 48(3), 211-225.
- Kim, Y., & Lim, S. (2020). Cyberbullying, social comparison, and mental health: A study on South Korean adolescents. Cyberpsychology, Behavior, and Social Networking, 23(2), 124-131. doi: 10.1089/cyber.2019.0287
- Lee, E., & Hwang, H. (2020). Mental health support and policy interventions for youth suicide prevention in South Korea. Asia Pacific Journal of Public Health, 32(2), 94-101.
- Choi, S. (2020). The "Nth Room" incident and its implications for South Korea's digital landscape. Korean Journal of Cyber Law and Ethics.
- Kim, J. (2021). The impact of social media on youth mental health in South Korea. Journal of Youth and Mental Health, 14(3), 125-134.
- Shapiro, L. (2019). Online communities and mental health: Pros and cons. Psychology Today.
- Yoo, H. (2020). Strengthening cybercrime laws: South Korea's fight against online exploitation. South Korean Law Review, 58(4), 92-108.

8. Government Action

- Policy Changes and National Initiatives: The South Korean government can introduce national campaigns that promote mental health awareness, reduce societal stigma associated with seeking help, and offer more resources for therapy and suicide prevention. Additionally, limiting access to potentially harmful substances (such as prescription medications, sharp objects, and other means) can help mitigate suicide risks among at-risk youth.

- Increased Funding for Mental Health Resources: Substantial investment in mental health infrastructure is essential to make support accessible to all students. This includes expanding the number of trained school counselors, increasing the availability of community-based mental health centers, and maintaining well-staffed, 24/7 crisis hotlines. Targeted funding can also support the development of culturally sensitive mental health education, professional development for educators, and early intervention programs.

Reducing the high rate of teen suicide in South Korea demands a comprehensive, multi-pronged strategy that that addresses the root causes of emotional and psychological distress. Meaningful change requires the coordinated efforts among the government, schools, families, and the community to build a framework in which adolescents feel cared for, valued, and safe. Only through collective action and sustained commitment can South Korea create an environment where its youth are empowered to thrive not just academically, but emotionally and mentally as well.

6. Creating Safe Spaces

- **Safe Spaces for Expression:** Providing teens with opportunities for creative expression can serve as an emotional outlet. Activities such as art, writing, music, and other forms of self-expression allow students to articulate their feelings in non-verbal ways, helping to relieve emotional stress. Schools and community centers can host creative workshops, clubs, and events that encourage self-expression in a judgement-free environment.

- **Reducing the Risk of Harm:** While not directly addressing prevention in terms of mental health, it is essential to implement measures to limit access to potentially harmful substances, dangerous materials, or unsecured environments. Schools must also be vigilant in maintaining a safe, inclusive, and non-threatening atmosphere where students feel physically protected.

7. Improving Support Systems

- **Hotlines and Crisis Counseling:** Establishing and promoting 24/7 mental health hotlines and digital counseling services can provide a vital lifeline for teens who may be hesitant to seek in-person help. These services should be youth-friendly, confidential, and staffed by trained professionals. Collaboration between government agencies, schools, and non-governmental organizations is essential to ensure these resources are widely accessible and effectively maintained.

- **Community-Based Programs:** Community-based programs that engage students, families, teachers, and local leaders can create more interconnected support network. By integrating mental health into community frameworks, these programs help destigmatize emotional struggles and promote shared responsibility in supporting youth well-being.

Public awareness campaigns, school-based education, and media representation can play a pivotal role in shifting attitudes. Promoting open dialogue both in schools and at home helps foster an environment where discussing emotional struggles is not only accepted but encouraged.

- School Counseling Services: Every school should have access to qualified mental health professionals who are trained to recognize signs of psychological distress and offer appropriate support. These professionals should be available for individual sessions and also lead group workshops focused on emotional regulation and building coping strategies.

5. Building Resilience and Hope

- Promoting Purpose and Self-Worth: Teens should be encouraged to pursue activities beyond academics, fostering a strong sense of purpose beyond academic achievements. Encouraging students to explore activities that bring them joy (such as sports, music, visual arts, or community service) can help them develop confidence, creativity, and a more balanced identity. These pursuits offer alternative sources of fulfillment, allowing teens to recognize their value outside of academics and grades.

- Mentoring and Peer Support: When older students support younger peers in navigating academic pressure, social challenges, and personal struggles, it cultivates a culture of empathy, solidarity, and shared growth. These programs not only provide emotional guidance but also empower mentors with leadership experience and emotional intelligence. Establishing structured, school-supported peer networks can make it easier for students to speak up, feel seen, and realize they are not alone.

- Support for Parents: Parents play a crucial role in their children's emotional well-being, yet many lack the tools or awareness to recognize signs of psychological distress. Offering workshops or counseling services tailored for parents can help them better understand adolescent development, mental health challenges, and how to recognize signs of distress in their children could foster a more supportive environment at home.

3. Tackling Bullying and Cyberbullying

- Anti-Bullying Programs: Schools must adopt clear, enforceable anti-bullying policies that prioritize victim protection and hold perpetrators accountable. Beyond disciplinary measures, schools should implement peer mentorship programs to support students who feel marginalized or targeted.

- Cyberbullying Education: Given social media becoming more deeply embedded in student life, education campaigns directed at both students and parents are essential to raise awareness of online harassment, its psychological consequences, and the importance of respectful digital behavior. Schools should provide guidance on privacy awareness and reporting mechanisms, while parents should be encouraged to engage in open dialogue with their children about their online experiences. Early education and prevention are key to curbing the normalization of harmful online interactions.

4. Encouraging Mental Health Conversations

- De-stigmatizing Mental Health: Mental health discussions should be normalized to create a culture where student feel comfortable seeking help.

1. Reducing Academic Pressure

- Reforming the Education System: South Korea's education system is globally recognized for its rigor but is also characterized by extreme competitiveness and intense pressure. This singular focus on academic performance – particularly on high-stakes testing like the Suneung (college entrance exam) – places overwhelming stress on students. Reform efforts should focus on adopting a more flexible approach to education, where academic success is not the sole determinant of a student's value or future. This could involve reducing the weight of standardized exams, encouraging diverse definitions of success, and promoting alternative pathways to success.

- Promoting Mental Health Education: Integrating mental health education that help students manage stress, anxiety, and academic pressure into the school curriculum is essential to help students navigate academic and emotional challenges. Topics may include healthy coping strategies, time management, and relaxation techniques. By normalizing mental health discussions and equipping students with practical tools, schools can reduce the psychological toll of academic competition.

2. Improving Family Communication

- Encouraging Open Family Conversations: A lack of open communication between parents and children is a common source of emotional distress among South Korean teens. Encouraging family therapy and promoting regular, honest conversations can help bridge this emotional gap. Parents should be educated on the importance of active listening, empathy, and avoiding overly strict expectations, allowing children to feel heard and supported.

> **NARRATION**
>
> Despite these growing awareness, mental health stigma remains a major barrier to addressing adolescent suicide in South Korea. Students hesitate to reach out for help out of fear that doing so will label them as unstable or incapable. As a result, they often suppress their emotions and continue pushing themselves harder until it breaks them. According to national surveys, a considerable number of Korean adolescents avoid counseling or therapy because they fear it could damage their reputation or negatively affect future academic/career prospects. Even when students are willing to seek professional help, access remains limited due to a shortage of mental health services and the high cost of care.
>
> Another concerning factor is the Werther effect, a phenomenon where widely publicized suicides, particularly those of celebrities, lead to an increase in suicide rates among vulnerable individuals like teenagers. In a media landscape where tragic stories often dominate headlines without sufficient emphasis on prevention or recovery, the risk of contagion remains high. When coupled with insufficient mental health infrastructure and lack of early intervention, these factors further deepen the crisis among youth.
>
> Effectively addressing the rising rates of teen suicide in South Korea requires systemic reform. Key areas of focus must include reducing academic pressure, destigmatizing mental health issues, strengthening anti-bullying policies, and expanding access to affordable psychological services for young people. Here are some strategies that could help in reducing teen suicides:

The rain outside continues to pour, its rhythmic drumming blending with the serene silence of the room. MINA lies under the covers, cocooned in darkness that reflects the heaviness pressing against her chest. The soft glow of her phone screen illuminates her face as she scrolls through the news. Her fingers automatically run over the headlines, pausing when she comes across the news of another young famous actress who has committed suicide. A familiar ache tightens her chest. The shock doesn't register anymore; only a quiet, mounting sorrow. It's becoming too common. It is a cycle of tragedy she wants to escape from. But with the rain continuing to pour outside, the world seems so distant, and the quiet of her room does not comfort.

Just a few days ago, it was Soojin. Now, another name, another face. Another person gone too soon. MINA shuts her eyes for a moment, trying to push the thoughts away. But they cling to her like the damp air. The stories all blur together, echoing the same helplessness.

With a quiet exhale, she tosses her phone to the side. It lands with a soft thud, the screen fading: one last flicker of grief before the darkness returns. The rain continues to fall. Each drop deepens the quiet, making the silence feel even heavier, almost unbearable.

To effectively address these intersecting crises, a multi-faceted approach is necessary. This includes strengthening online regulations, improving education on digital safety, implementing school-wide mental health initiatives, and ensuring accessible psychological support. Social media platforms must be held accountable for cultivating safer, moderated environments, while the government must commit to enforcing legislations that protect victims – both online and offline. As South Korea's stern response to the "Nth Room" case in 2019 demonstrate, meaningful change is possible when society and institutions act in tandem. Ultimately, creating a more supportive, responsive, and emotionally safe environment for youth requires not only regulation and education but also a cultural shift toward empathy, openness, and collective care.

[INT. MINA'S ROOM– NIGHT]

Under the Act on the Prevention of and Countermeasures Against Violence in Schools, schools are required to investigate incidents and take disciplinary action, which may include class transfers or suspensions. In addition to school-level responses, prestigious universities in South Korea are gradually adopting stricter admissions policies to hold perpetrators accountable. South Korea's top 3 institutions such as Seoul National University, Korea University, and Yonsei University – the so called "SKY universities" – are reportedly considering policies that would either disqualify applicants with a history of school violence or impose point deductions during admissions evaluations. These changes, soon to be implemented in 2026, could deal with significant consequences to students with such records, potentially jeopardizing their academic futures.

However, as awareness and institutional measures increase, students are also becoming more adept at evading detection. Instead of resorting to overt physical violence, which leaves visible evidence, perpetrators now engage in psychological bullying and cyberbullying: forms of abuse that are harder to trace. Utilizing modern messaging apps that automatically delete messages after reading or notify users when screenshots are taken, perpetrators harass their peers without leaving proof. This shift toward intangible forms of bullying exploits both technological loopholes and social blind spots. Psychological and cyberbullying are often perceived as less severe than physical violence, allowing perpetrators to avoid serious repercussions.

Moreover, disciplinary records are typically expunged within two years of graduation, weakening long-term accountability. While Cyberbullying is addressed under the Information and Communications Network Act with severe cases carrying penalties up to seven years of imprisonment, enforcement is inconsistent. Many victims report that their complaints are downplayed or dismissed entirely, contributing to a culture in which survivors are left unsupported and perpetrators face minimal consequences.

> **NARRATION**

Engaging with online communities – through reading others' experiences or anonymously sharing one's own – can be both comforting and precarious for individuals struggling with depression. On the positive side, such platforms can offer a sense of connection, emotional validation, and access to informal support networks. For many, knowing that they are not alone provides meaningful emotional relief. However, these spaces also carry significant risks. Exposure to triggering content, the spread of misinformation, and environments that normalize or reinforce harmful behaviors can deepen psychological distress. Furthermore, dependence on online validation may delay or prevent individuals from seeking professional mental health care.

In South Korea, where academic stress, social conformity, and stigmatization of mental health contribute to some of the highest suicide rates among OECD countries, young people often turn to anonymous forums and social media for comfort. While some online spaces provide valuable solidarity and understanding, others glamorize self-harm, romanticize despair, or even encourage suicidal ideation. Tragically, many individuals fall deeper into hopelessness after seeking help online. More concerning still, these vulnerable users are often targeted by malicious actors who exploit their emotional vulnerability for manipulation, harassment, or scams. Although efforts to regulate harmful content continue, the sheer scale and anonymity of digital platforms make consistent moderation an ongoing challenge.

Parallel to the mental health crisis is the persistent issue of school bullying and cyberbullying. School violence often goes unnoticed or unreported due to fear, stigma, or a distrust in institutional responses. Victims may suffer in silence while perpetrators receive minimal or temporary consequences.

the point of all this – of school, of surviving. To find a space where we can walk without fear. Together. With people who truly see us."

JISOO

(nods slowly)

"Thank you... Just… promise me you'll stay."

MINA

"Always."

The bell rings faintly in the distance, but they stay seated. Hands entwined. A stillness between them that isn't empty anymore – it's holding them up. The bench, once a quiet hiding place, has become their first step toward something softer.

JISOO shuts her eyes, as if trying to block out the thought. But she knew MINA was right. Soojin's death was a painful reminder of how easy it was to fall through the cracks, to feel invisible even when surrounded by people. And now, sitting here, confessing her own struggles, JISOO realized how close she had come to that same fate.

complicated. People were being harassed, manipulated, and fed lies. Like we were all lost, but no one had the answers."

MINA

"No one should be taking advantage of people like that. It's disgusting, and it's so wrong."

(MINA gently cups JISOO's hands, her eyes filled with compassion)

"That is not your fault. You are not weak. You were just looking for someone who could understand. And I wish you had come to me sooner. I'm listening now, and I'm staying. You don't have to go through this alone. Ever. We'll find a way out of this, I promise."

(Mina's voice softens, the weight of her words clear)

"Maybe we don't need to be saved. Maybe we just need to be held. To be seen. I see you, JISOO. I'm not going anywhere."

JISOO

(after a long pause)

"I don't know how to keep going. But… I also don't want to keep walking to that bridge again…"

MINA

(leans her forehead gently against JISOO's)

"We have been searching so long for a reason to live. Maybe that is

MINA

(voice trembling with emotion)

"We all care about you, JISOO. Not because of your grades. Not because you are perfect. But because you are here. With me. That's enough."

JISOO wipes her eyes.

JISOO

"I didn't want to be weak. I didn't want to burden you, or anyone. I thought maybe... I'd be better off gone than disappointing everyone."

MINA

(urgent, fierce)

"You are never a burden. Don't you ever say that. I am your friend. We all care and love you. If you're hurting, I need to know. Because I don't want to lose you, too."

The wind stirs the trees around them. A soft, held silence follows.

JISOO

(after a long pause, voice barely a whisper)

"I started looking for answers in online communities. I tried to find someone who understood, but it just made me feel more lost. It was like everyone was speaking a language I couldn't understand. They'd offer 'solutions,' but all it did was make things more accused me of stealing the mock exam answer sheets. They kept adding me back into the group chat just to say the most awful things. I leave, and they would invite me again. Do you know what it's like to read every single word blaming you for something you didn't do? It is worse when it is right in front of your face. Believe me, it hurts more than people talking behind your back."

Her voice trembles with suppressed pain.

JISOO (CONT'D)

"I tried to brush it off. I tried to act strong. But the more I pretended it didn't affect me, the worse it got. I would walk into class and hear the whispers. The stares. And the teachers? They'd just say, 'You are strong Jisoo. They are just jealous of your achievements. You will be fine.' But they didn't see me. No one did."

MINA

(eyes welling with tears, voice shaking)

"Oh, JISOO… I didn't know you were going through all that. And I should've been there for you."

JISOO

(softly, pain evident in her eyes)

"I thought being the best would fix everything. That they would stop if I just kept winning. But they didn't. And Soojin… when she died, I didn't just cry for her. I understood her. I felt like we were the same."

dark, windy... late. I stood there, just staring at the water... wondering if anyone would care if I disappeared."

MINA's face drains of color, tears filling her eyes.

JISOO (CONT'D)

"I kept going back. Four, five times. Just standing there, thinking, trying to build up courage. But every time, I froze. I didn't even know if I was more afraid of ending it or of living like this forever."

JISOO's voice cracks at the last word. MINA reaches over and grabs her hand tightly.

MINA

(choking back tears)

"JISOO... oh my God... I can't believe what I'm hearing. And I didn't even see it. I'm so sorry."

JISOO

(trembling)

"I didn't want to disappoint anyone. I thought being at the top meant I was worth something. But the better I did, the worse it got. People hated me for it. Bullied me for it. Nothing was physical, and that was even worse. They would spread rumors behind my back – saying I thought I was better than everyone else, like I was some kind of robot who didn't need help. They assumed I was having inappropriate relationships with teachers to get better grades. They

"MINA, I couldn't sleep all night. I really need to tell you something… because you're my best friend. And I'm scared."

MINA turns to her, sensing the fragility in JISOO's tone.

JISOO (CONT'D)

"I've thought about ending it, too. More than once. The pressure, the expectations, feeling like I will never be good enough. Somedays, I just wanted it all to stop. But… I never told anyone. I thought no one would get it. That they would just tell me to be stronger, like it was that easy."

MINA
(stunned, voice cracking)

"JISOO… what are you talking about? Why didn't you tell me? I could've –"

JISOO
(cuts her off, bitter)

"Could you? We're all drowning, MINA. Everyone's pretending to be fine, trying to keep their heads above water. No one has time to notice who's slipping under."

A heavy pause. JISOO takes a sharp breath, then speaks again – quieter.

JISOO (CONT'D)

"There were nights I walked all the way to the Han River. Cold, sadness won't disappear overnight, but she also knows something must change. She doesn't yet know how or when but pretending everything is fine is no longer an option. The competition has become toxic, and it has already taken too much. It's time to start speaking up, to stop surviving in silence.

[EXT. SCHOOL COURTYARD – DAY]

The courtyard is quieter than usual, tucked away from the lunchtime chaos. Trees sway gently in the breeze. MINA and JISOO sit on a bench beneath a large tree, shifting shadows playing at their feet. JISOO is curled in on herself, hoodie sleeves pulled over her hands, eyes gaze distant.

JISOO

(voice low, weak)

[EXT. SCHOOL ROOFTOP – AFTERNOON]

For MINA, the next few days blur together in haze. Overwhelmed by grief and shock, every moment feels like it is bleeding into the next. Everything feels surreal as if she is drifting through the routine without truly being present. The weight of Soojin's death lingers, casting a long shadow that dulls every hour.

She stands at the edge of the rooftop, hands clenched tightly as she faces the horizon with closed eyes. The wind brushes against her skin, but she hears nothing. A hollow silence fills her ears. And in that silence, a question echoes: Why am I here?

News of Soojin's death continues to spread, blanketing the school in quiet mourning. Teachers try to offer words of comfort, but they can't seem to fill the emptiness left by the loss. MINA knows

Compounding this issue is the fact that the majority of these teens did not leave suicide notes; only 15.7% of those who died by suicide left any written messages behind. The absence of warning signs is a grim reminder that adolescents often don't express the depth of their distress until it is too late. When such notes were left, the messages were often conveyed with expressions of regret and love, but rarely provided a clear explanation for the pain that led to their decision.

These statistics reveal that the crisis of teen suicides in South Korea is not simply a matter of individual mental health, but of a larger societal issue rooted in cultural norms and institutional pressures. The nation's hyper-competitive environment coupled with insufficient emotional support and stigma surrounding mental health places young people at risk. The voices of those who have fallen silent to this pressure highlight a pressing need for change. The silence of those who suffer under these conditions speaks volumes about the urgent need for cultural change.

Suicide prevention efforts must extend beyond addressing individual cases and aim to transform the broader environment that perpetuates distress. It is essential to foster a culture that values emotional well-being alongside academic achievement. This includes creating safe spaces for dialogue, expanding access to mental health resources, promoting supportive educational practices, and redefining success in more holistic terms. Without such systemic changes, South Korea risks continuing a cycle in which promising young lives are lost to preventable tragedies – each one a powerful but unanswered call for reform.

Academic pressure is one of the most significant contributors to youth suicide in South Korea. The country's intense education system imposes extreme demands on students, especially in relation to the Suneung (수능), the highly competitive college entrance exam. The fear of failure or even the inability to meet the self-imposed or external expectations often leads to overwhelming psychological distress, anxiety, and depression. These academic pressures are compounded by broader societal expectations. The prevailing mentality that "failure is not an option" has created an environment in which many students internalize the belief that their self-worth in contingent upon their academic success. For many, this pressure becomes unbearable.

Family expectations further intensify this burden. Many South Korean households emphasize strict discipline and high parental demands, which can cause emotional distress particularly in families where open communication is lacking. Many students feel that they cannot live up to their parents' expectations, which leads to feelings of inadequacy and guilt. Bullying and cyberbullying also remain pervasive issues in South Korean schools. Victims of bullying (often referred to as wang-ta, meaning social outcast) suffer from isolation, humiliation, and hopelessness, further increasing their risk of suicidal thoughts. Social media culture worsens the situation by encouraging constant comparison, often leading to diminished self-esteem and distorted body image.

Alarmingly, many of the teen suicides in South Korea are by high-performing students. Recent data shows that approximately 2 out of 10 (18.7%) of student suicide victims were among the top academic performers in their schools. Many of these individuals come from seemingly stable environments with no apparent financial, health, or domestic challenges, highlighting the invisible nature of their suffering.

loneliness, the fear."

JISOO

(quietly, her voice filled with a mix of fear and relief)

"I... I've thought about it too, MINA. The decision. Sometimes, the pressure feels like it's too much to carry. How can we keep going like this?"

MINA

(firmly)

"Then we start from here, JISOO. We'll speak up. We'll face the pressure, the silence. We need to change this. We can't keep pretending everything is okay when it's not. We have to. Before we lose anyone else."

They both know it won't be easy. But something inside them breaks open. It's time for a change. It's time for their voices to be heard.

NARRATION In South Korea, where academic performance is prioritized above all else, suicide has tragically become the leading cause of death among teenagers. According to the Korea Suicide Prevention Center, South Korea reported the highest suicide rate among OECD member states in 2020, with a suicide rate of 24.6 per 100,000 people – a figure far exceeding the OECD average of 11.8. Particularly concerning is the high suicide rate among adolescents; in 2020, the suicide rate among 15- to 19-year-olds in South Korea was 11.2 per 100,000 – almost four times higher than that of the United States for the same age bracket (4.2 per 100,000) (OECD, 2020).

MINA feels her throat swell with grief but so does something else – rage. Rage at a system that measures their worth by their academic achievements, by their social standing, by how much they can accomplish in such a short amount of time. At a culture that just keeps pushing never slowing down, never asking how they are doing. At herself, for not seeing the signs, for not taking the time to understand her friends, to reach out and check in.

MINA

"We all play the part. We study, we compete, smile when we are supposed to. We keep going even when we are breaking. We don't talk about what is real."

She exhales, shaking her head. The painful truth was starting to settle in: they are all caught in the same trap. Soojin's death is not an isolated tragedy. It's a symptom of a much larger issue – a culture of hyper-competition, where the fear of failure runs so deep that surrender can feel easier than survival. MINA becomes determined that the pain and suffering Soojin went through must be addressed – this issue is much bigger than they realized.

MINA (CONT'D)

(with newfound resolve)

"We need to stop pretending, JISOO. We need to stop hiding behind our grades and our perfect facades. We have to confront this – this is the real issue. We need to talk about how we feel, not just about our grades or how tired we are. We need to talk about pressure, competing, too busy pretending."

They had been competing not just with the rest of the world but with their friends, their classmates, their own insecurities. And in this race, they had all been running so fast that they failed to see the cracks behind Soojin's composed smile.

MINA

(whispers)

"How many others are hiding it, JISOO? How many of us are pretending everything's fine when it's not?"

JISOO's eyes are filled with an emptiness that MINA recognizes all too well – an overwhelming sadness and guilt that no one knows how to carry. There are no words that can ease the grief of losing someone so young, someone who has so much potential, so much to offer. But the more MINA thinks about Soojin's death, the more she realizes just how deep the wounds of competition and expectation run. These pressures are not just about grades or success – they are about survival. And the stakes are higher than they ever imagined.

JISOO

(fighting back tears)

"We are all trying to be perfect, MINA. But perfection isn't real, isn't it? We are just holding up an image to tell ourselves to keep going. Soojin… she just couldn't keep up anymore."

MINA

"How did we miss it? She seemed so happy. How could she have been hurting so much?"

Her words hang in the air, unanswered. Soojin had always been there studying beside them, laughing in the cafeteria, sharing brief moments between classes. However, none of them had really seen her. Everybody has been so focused on surviving their own battles to notice when someone was quietly drowning. JISOO's voice is barely audible when she answers her question.

JISOO

(trembling)

"I don't know, MINA... maybe we were all too busy. Too busy

[INT. SCHOOL COUNSELING ROOM – MORNING]

MINA, who has shared classes with Soojin for years, is one of the first few students invited to meet with the school counselor. She sits stiffly in one of the counselor's chairs. Her hands are twisted tightly in her lap. WEE teacher speaks gently across from her, but the words barely register. Something about stress. Something about grief. About finding healthy ways to cope. MINA nods when she is supposed to. But her mind is somewhere else. How did she not notice? How did they all miss the signs? She can't shake the overwhelming sense of guilt.

She keeps glancing toward the door as if Soojin is about to walk in late like she sometimes did, with a shy smile on her face. But the door never opens.

[INT. SCHOOL HALLWAY – AFTERNOON]

After the session, MINA steps back into the hallway. A few students pass her in silence, offering small nods. The school has lost its rhythm.

MINA finds JISOO near the lockers. Her eyes are red, her face pale. She is holding a folded letter in her hands – one wrote for Soojin but hasn't had the courage to place on the desk yet. They stand in silence for a moment. The grief between them is raw and wordless.

word?

Her desk still sits in the corner of the classroom, untouched. A small collection of handwritten notes and fresh flowers gently rests on top, left by friends who don't know how else to say goodbye. Some letters are folded carefully, others scribbled in a scrap paper, as if the words had to be written before they slipped away. A few are tear-stained.

The sight of it makes students pause when they walk by. Everyone walks a little slower, avoiding eye contact, unsure of what to say or how to act. The whispers in the hallways are hushed as students try to comprehend how someone so familiar and young had taken their own life. The grief is real, but so is the disbelief. She seemed so alive.

And yet, deep down, many aren't surprised. Not really. Most students know the truth even if they can't say it out loud. Soojin had been carrying too much. The pressure, the expectations, the quiet loneliness buried beneath an invisible weight of competition. She carried it alone like so many others. Until she couldn't anymore.

In the counseling office, the school's WEE Class team works overtime. Counselors rush to schedule a meeting with students who were close to Soojin – friends who shared classes with her, who walked home with her, who might have known something or seen something. Anything.

Her grandmother waiting with a meal that would go cold.

But the images fade.

They will grieve, but they will move on. The world will keep spinning, with or without her. The phone buzzes one last time. But SOOJIN had already turned away. She lies back on the cold mattress, the rain pounding against the glass, drowning out everything else.

The pills are bitter.
Her heartbeat slows.
Her eyes grow heavy.

And then – nothing.

[FADE OUT]

[INT. SCHOOL HALLWAY – MORNING]

A few days after the devastating news, the school still feels paralyzed by shock. Soojin, a classmate who had always radiated positivity and warmth, is gone. The news hit the school like a punch to the chest, sudden and suffocating. How could someone who smiled so easily, who excelled in schools and extracurriculars, who always made others feel seen, be the one to disappear without a

SOOJIN's eyes blur for a moment, a sad smile fleeting across her face. She scrolls again.

(Text message screen)

GRANDMA

"My sweet granddaughter, Soojin, I made your favorite cucumber kimchi. I can't wait to see you. Come visit me on the weekends if your exams are over."

SOOJIN stares at the screen for a long moment, her eyes glassy. She blinks back the tears threatening to fall but doesn't respond. Her fingers hover over the keyboard, the weight of the messages pressing down on her. The love in them feels distant. Real, but unreachable. SOOJIN doesn't reply.

[FADE OUT]

[INT. SOOJIN'S ROOM – MIDNIGHT]

Her breath catches in her throat. Her hands tremble. A sob rise in her throat, raw and bitter.

For a split second, she sees it –
Her mother's face twisted in anguish.
Subin screaming her name into the night.

As she lifted the pills to her lips, her phone buzzed beside her. Once. Twice. Three times.

She glanced at the screen, her vision beginning to blur...

[INT. SOOJIN'S ROOM – NIGHT]

The dim glow of a phone screen illuminates SOOJIN's face as she lies on her bed, the room silent except for the faint hum of the city outside. She picks up her phone, scrolling through her messages with her drowsy eyes.

(Text message screen)

MOM

"How are you doing? Hope you're eating and doing well in school. Me and your dad will drive to see you next month now that work is less hectic. Love you."

SOOJIN's hand trembles slightly as she swipes to the next message.

(Text message screen)

SUBIN

"Hey! It's been a while since we were last in touch. Call me?"

pain that was consuming her soul.

I'm sorry. I tried, but I wasn't enough.
I can't be what everyone wants me to be.
I don't think I can do it anymore.
I just want to stop. I want the pain to end.
Mom, Dad, and all my friends, I am so sorry.
The thought of never seeing you again makes me sad,
but I am also a little relieved, knowing that I can finally rest.
I love you all.

Her chest felt hollow, like an empty cavern echoing with every breath. She had carried so much alone – the weight of expectations, the crushing pressure of perfection, the continuous loneliness that gnawed at her every waking moment. The textbooks on her desk sat untouched, silent reminders of a future she was supposed to build but could never achieve. Her parents' smiling faces in the framed photo on the desk only reminded her of the daughter they believed she was – the girl she could never be.

Slowly, methodically, she reached for the bottle of pills beside her. The cap twisted off with an eerie finality, each click of the lid echoing through the stillness of her room. She wasn't afraid. There was no hesitation, no sudden burst of hope to pull her back. There was only silence. The unbearable silence that had been her only companion for too long.

Chapter 3 :
The Dark Reality of Teen Suicide

In the shantytown corner of Seoul, in a cramped rooftop room where the cold crept through the cracks, SOOJIN sat alone. Rain lashed against the window in a rhythm that mirrored the chaos inside her mind. She stared at the flickering bulb above her, its dim light casting long, distorted shadows across the stained walls.

A crumpled note trembled in her hands; its ink smudged by tears that had long since dried. Her body felt numb, detached from the

- Choi, J. S., & Park, H. S.. South Korea's Demographic Shifts: Aging Population and Low Birth Rate Solutions (2020). Cambridge University Press.
- Kim, H. Y.. The Consequences of South Korea's Low Birth Rate: Economic and Social Impacts (2021). Palgrave Macmillan.
- Sobotka, Tomáš, & Lutz, Wolfgang. Demographic and Socioeconomic Determinants of Fertility: An International Perspective (2017). Springer.
- Bongaarts, John. Population and the Low Fertility Trap (2021). Population Council.

REFLECTION

If you scan the QR code after reading this chapter, you can record your thoughts and read what others have shared. Once you're connected, please click on the video labeled "CHAPTER 2."

1. How can young people pursue their personal goals while also carrying the growing expectations of an aging society? What does "balance" look like to you?

2. In what ways can older generations contribute to solving the challenges facing the youth? How might mentorship, childcare, or community involvement help bridge the generational gap? How do you think society can create a more supportive environment for both the young and the elderly to thrive together?

3. What cultural messages do young people receive about success, family, and gender in your country? How do they compare to the ones described in South Korea?

A broader cultural shift is also necessary. Outdated expectations about gender roles and family life must be challenged through education and media. By fostering a society that supports diverse lifestyles and prioritizes well-being over competition, Korea can make dating, marriage, and parenthood more appealing and accessible.

In tackling the aging population, Korea should expand elderly healthcare, strengthen pension systems, and invest in long-term care services. Encouraging seniors to stay active through part-time work, volunteering, and lifelong learning not only improves their quality of life but also reduces the strain on the economy. Older generations can also contribute directly by supporting childcare within families, mentoring younger people, and staying engaged in community life – helping bridge generations and creating a more balanced, sustainable society.

References

- Kim, J., & Lee, H. (2023). The low birth rate crisis and its impact on South Korea. Journal of East Asian Studies, 45(2), 120-135. https://doi.org/10.1234/jeas.2023.0452
- Ministry of Health and Welfare, South Korea. (2022). The low birth rate crisis and its long-term effects on South Korea's economy and society. Government Printing Office. Retrieved from https://www.mohw.go.kr
- Jang, Han Seung. The Demographic Crisis in South Korea: Low Birth Rate and Aging Population (2019). Seoul National University Press.
- Sung, M. J., & Choi, S. M.. South Korea's Population and Fertility Policies: Past, Present, and Future (2020). Palgrave Macmillan.
- Chung, E. H., & Yoon, Y.. The Fertility Decline and its Policy Implications in South Korea (2018). Routledge.
- Lee, K. M. & Lim, K.. Rethinking Family and Fertility: Social Policy Reforms in South Korea (2021). Springer.

> **NARRATION**

South Korea is confronting a demographic challenge marked by an exceptionally low birth rate and a swiftly aging population. A significant factor is that many young Koreans are choosing not to pursue dating, marriage, or parenthood, largely due to overwhelming financial burdens, intense societal competition, and strict cultural expectations. The cost of education is especially high, with parents feeling pressured to spend heavily on private tutoring and extracurriculars. On top of that, housing prices – especially in Seoul – are unaffordable for many young adults, making it difficult to envision starting a family.

A demanding work culture and long hours leave little time for relationships, and traditional gender roles add to the burden – many women avoid marriage and children because they are expected to juggle both a career and most household duties. This combination of stress, inequality, and lack of support discourages family formation and deepens the crisis.

To reverse this trend, Korea must implement bold policy changes. Making life more affordable for young people is key – this includes expanding affordable housing, reducing education costs, and offering meaningful financial incentives such as childcare subsidies and tax breaks. Work-life balance should be improved by limiting excessive work hours and strengthening parental leave for both men and women.

Gender equality must also be addressed. Women need fair workplace opportunities and support in balancing family and career, while men should be encouraged to take a more active role in parenting and household responsibilities. At the same time, mental health services and social programs can help young people feel less isolated and more supported in building meaningful relationships.

you, MINA, are part of that change, whether you realize it or not."

MINA looks down, then backs up at Mr. Kim. Something subtle shift inside her – not certainty, not complete understanding, but the beginning of something else. A willingness to believe.

She rises.

MINA
(quietly, but with quiet strength)
"One step at a time."

Mr. Kim gives a reassuring note, already turning back to his briefcase. But MINA knows he is still with her. There's still uncertainty, still fear, but there's also something new: the first sparks of determination. She steps out of the classroom. This time, her footsteps feel different – small, but steady. Not in certainty, but in intention.

[FADE OUT]

Mr. Kim smiles gently, his gaze steady and filled with quiet encouragement.

MR. KIM
(with warmth, patiently)

"We begin exactly where you are, with what you can do. Change doesn't start with a revolution. It all starts with small, deliberate choices. Small actions, when done by many, become movements. It could be speaking up about issues that matter. Pursuing careers that bring solutions. And remembering that the future isn't something that happens to you – it is something you have a hand in shaping it."

MINA takes a deep breath, letting the teacher's words settle in her mind. She exhales slowly, trying to hold onto that faint glimmer of hope, even if it feels distant and fragile.

MINA
(softly, but with more resolve)

"So… even if the path isn't clear yet, even if it's hard… we still move forward?"

Mr. Kim nods, his smile widening slightly.

MR. KIM

"Exactly. That is all anyone can do. But that is also where changes begin. Change doesn't happen because someone had all the answers – it happens because they refused to stop searching for them. And

MINA

(hesitant, voice soft)

"Mr. Kim, I've been thinking a lot about what you said yesterday… about the aging population and our future. I don't know… It just feels like everything is slipping away. Like there's nothing left for us to build."

Mr. Kim sets down the papers he was packing and looks at MINA carefully. He sees the depth of her concern, the uncertainty that lingers in her eyes. With a sigh, he pulls out the chair beside him and sits down, giving her full attention. He then gestures to the empty chair beside him. MINA sits.

MR. KIM

(calmly, with empathy)

"MINA, I understand how you feel. When problems seem too big, it's easy to believe that nothing we do will matter. But history tells a different story. Every great change, every shift in society – started with someone who believed things could be different. Someone who dared to act, even in uncertainty."

MINA listens intently. Her voice comes out barely audible.

MINA

(quietly, almost defeated)

"But how do we even begin?"

distant and unsure. Still, she moves forward – one step at a time.

The world feels both smaller and heavier, and MINA can't help but wonder: What happens when the weight of two generations becomes too much to bear?

She walks again. Slower. Steadier. The path ahead still feels narrow, and the uncertainty hasn't left. The questions of the aging population and the struggles of her generation intertwine. But something has changed. She is not running away from it anymore.

The city breathes around her. And MINA keeps walking.

[INT. SCHOOL CLASSROOM – THE NEXT DAY AFTERNOON]

The bell rings, signaling the end of the school day. The classroom begins to empty as students rush out, but MINA remains seated at her desk, her eyes locked on the empty space in front of her. Her thoughts are miles away, wrestling with everything that's been weighing on her mind. Still asking questions she doesn't know how to answer.

As the last student leaves, MINA hesitates before standing up and walking to the front of the room. Mr. Kim, packing up his briefcase, looks up and immediately senses the vulnerability in her demeanor. The seriousness in her expression stops him.

MINA watches the woman, struck by her resilience. She feels something stirring inside her – a mix of gratitude and sorrow. This stranger seems to understand what's been weighing her down for so long. The weight in her hands, the burden of the groceries, symbolizes everything she can't escape: the expectations, the sacrifices, and the struggles she'll have to face in the years to come. There is no easy answer in her words, but there is something comforting in her honesty.

They reach the woman's apartment building, and MINA hands her the heavy bag. The elderly woman smiles up at her, her eyes warm with gratitude, but MINA can see the sadness behind them – an unspoken understanding that their generations are bound together in a way they both can't quite escape.

MINA

(softly, looking into the woman's eyes)

"I'll be okay. I'll try my best."

ELDERLY WOMAN

(smiling gently, nodding)

"I know you will. You've got a good heart, dear. Don't forget that."

MINA watches her disappear inside the building, but she stands there for a moment. Her hands feel empty, but her chest still carries weight. She wonders if her own heart will be enough to carry everything she's facing. The path seems narrow, and the future feels gave all we had. And now they ask more from yours. It is never enough, is it?"

MINA looks at the woman. It's as if the elderly woman can sense the uncertainty in MINA's heart, the questions she can't quite voice yet. MINA doesn't know what to say.

MINA
(quietly, almost to herself)
"Yeah... it is like we are always being told to give more. But no one tells us when we are allowed to stop. Or breathe. Everything seems so... uncertain now."

The elderly woman stops for a moment, adjusting her cane and catching her breath. She gazes ahead as if lost in her own memories: memories, perhaps, or simply the long road she had walked. MINA waits patiently beside her, feeling the quiet tension in the air.

ELDERLY WOMAN
(after a long pause, with a bittersweet smile)
"I know what you mean. But you see, when you're young, you don't always see the full picture. You're carrying this weight, but you're also creating something new with it. Maybe it's not easy, and maybe it feels like there's no way forward, but one day, you'll see... it's all part of something bigger. You are shaping it just by being here. Just by caring. You'll find your way, even if the world keeps shifting around you."

It's heavier than she expected – full of simple things but carrying the weight of something more. The grocery bag feels like it carries years of routine, sacrifice, and unspoken burdens. Of aging in a city that moves without looking back.

They begin walking together, side by side. The streets don't slow down for them. As she walks beside the woman, MINA can't help but think about everything the older generation has already given and the sacrifices they've made. She wonders how much more they will ask of her generation. How much more can they take? Will her generation be the one left to hold the pieces together when everything starts to fall apart?

MINA
(to herself, voice heavy)
"It's like we're carrying the weight of two generations."

She barely notices she has spoken aloud, but the words hang in the air like truth. The bag seems to grow heavier with each step, and she feels it – not just the weight of the groceries, but the weight of a future that's uncertain and shrinking before her eyes. She wonders if her generation will be the one to clean up the mess left by those before them, left with no room to build their own dreams.

ELDERLY WOMAN
(glancing at MINA, her voice soft but wise)
"You know, dear... sometimes it feels like it never ends. My generation

MINA

(softly, with genuine concern)

"Excuse me, can I help you with that?"

The elderly woman, carrying a cane in one hand and a heavy bag in the other, looks up. Her face is weathered, lined with the marks of labor and quiet survival. She meets MINA's eyes and then offers a faint smile.

ELDERLY WOMAN

(smiling faintly, with a tired voice)

"Oh, thank you, dear. It's just a little heavier than it used to be."

MINA gently takes the bag, feeling the weight of it in her hands.

[FADE OUT]

[EXT. SEOUL STREETS – AFTERNOON]

MINA walks home, her feet scraping the pavement with every step. The streets are as busy as usual, filled with the rushing faces, traffic honking, neon signs flickering to life. But today it feels distant. Blurred. Like the city is moving too fast for her to keep up.

She looks up at the towering buildings, at the bustling crowds walking past each other without ever really seeing one another. Seoul pulses with the ever-moving flow of life, but MINA feels still. Something in the air feels suffocating – overwhelming. She wonders if anyone else feels as lost as she does, trapped in a society that demands so much yet offers so little in return.

The world keeps moving. But MINA isn't sure if she wants to follow. MINA walks slowly; her thoughts still tangled in the lessons from class. As she passes a small park, something catches her eye: an elderly woman struggling to carry a heavy bag of groceries. The woman is slow, careful steps make the weight of the bag seem even more burdensome. MINA instinctively steps forward, her hand reaching out.

MINA absorbs his words, staring down at her desk. Her expression doesn't shift dramatically, but something settles in her.

MINA

"…That sounds easier said than done."

Mr. Kim smiles, not in dismal but in solidarity.

MR. KIM

"It is. Most worthwhile things are. But that doesn't mean it is not worth trying."

A silence lingers between them before MINA finally nods, shouldering her bag and standing up. She turns to him, more grounded than before.

MINA

"Thank you, Mr. Kim. Really."

MR. KIM

(smiling slightly)

"Anytime."

As she walks toward the door, MINA feels just a little lighter. The uncertainty is still there but for the first time in a long time, she wonders if maybe, just maybe, she can find her own way through it.

and nothing changes?"

Mr. Kim leans slightly forward, elbows resting on his knees. The lines in his face are more visible now, tiring but kind.

MR. KIM

"I won't pretend to have all the answers, MINA. The pressure you and your generation are dealing with is… enormous. You're being asked to solve problems you didn't create. And that's deeply unfair."

MINA's looks down, her fingers tighten around the strap of her bag.

MINA

"Then what's the point of all this? Studying, pushing ourselves, trying so hard…for what?"

A pause. Mr. Kim glances out the window, at the skyline, the gray clouds hanging low over the city. Then he turns back to her, steady and honest.

MR. KIM

"The point isn't to solve everything overnight. The point is to live the life you want to live, find your place in it. On your terms. There will always be pressure, and society will always expect something from you. But at some point, you get to ask yourself what you want from life. And that question is the beginning of something real."

MR. KIM

(walking over to her desk)

"MINA, is everything alright?"

She hesitates. Her fingers trace the edge of her notebook before she finally looks up, searching for the right words.

MINA

(quietly)

"Mr. Kim… do you think things will get better?"

Mr. Kim studies her for a moment, sensing the weight behind her question. He doesn't respond right away. Instead, he pulls up a seat at the desk beside her, lowering his voice. More personal now.

MR. KIM

(gently)

"It's hard to say. Change is never easy. And it is almost never fast. But yes… I do believe things can get better. People are starting to see the problem. Governments, businesses… even families are beginning to adjust. It is slow, and sometimes messy… progress doesn't happen overnight, but it happens."

MINA nods slightly but doesn't seem convincing.

MINA

"But… what if it doesn't? What if we're stuck in this cycle forever where time isn't rationed out by bells and deadlines. One her future doesn't feel like a trap disguised as promise.

Then the bell rings again.

Students hurriedly prepare the textbooks for their next class. Back to routine.

[BELL RINGS]

[INT. CLASSROOM – DAY]

Students shuffle out of the classroom, footsteps quick. MINA remains at her desk, unmoving, her gaze distant.

MR. KIM (CONT'D)
(with a heavy sigh)

"And we can't ignore the aging population. With fewer young people being born, the elderly population is growing faster than we can keep up. Soon, there will be a situation where there aren't enough working adults to support the older generation. More and more of your generation will have to shoulder the burden – through taxes, social security, healthcare. The resources will be spread thin, and you will be asked to carry more and more."

A silence falls over the classroom. MINA feels the words settle in her chest like a stone sinking into deep water. The future feels vast and directionless. Less a path to walk on and more a void to navigate. All the pressure to succeed, to earn top grades, to secure a stable job – what does it all lead to if the jobs disappear? If the cost of living keeps rising? If the promises raised are already broken?

Her mother's voice echoes in her memory: *"Study hard. Do well. It is the only way forward."*

But now, MINA isn't sure where forward even is. Or if it still exists. What success even looks like in a world that seems to have no place for her generation. Somewhere, far off, the sound of a construction drill buzzes. But to her, it sounds like something breaking.

The teacher's voice fades into the background as her thoughts turn inward. For a moment, she lets herself imagine a different life – one environmental reasons. Isn't it strange? People are surrounded by millions, yet they feel completely isolated."

He pauses, scanning the room. His voice softens.

MR. KIM (CONT'D)
"In that kind of environment, raising a family doesn't feel like an option. It feels like a luxury."

MINA's pen hovers above her notebook, its tip frozen just above the page. Her mind drifts.

She remembers the old man on the subway. She thinks of the student's mumbling vocabulary through yawns. She thinks of her mother – always tired, always waiting for her to come back from hakwon, often talking about how things used to be different.

Used to be.

It sounds like a different lifetime.

A time when society valued family. A time when family was everything. When the path forward felt clear, even if it was hard. But now… It is like something is slipping away. Like the ground is shifting beneath their feet, and no one knows how to stand on it.

succeed – if there's no future for her to build? What awaits her even if she succeeds?

MR. KIM (CONT'D)
(continuing, voice rising slightly)
"There's also the issue of work-life balance. Many companies have work cultures that don't support family life. Parents – especially women – often face discrimination or burnout before they ever have the chance to build a family. And with the lack of affordable childcare, inadequate parental leave, it's just harder to raise children while pursuing careers."

MINA looks up briefly, scanning the room. Some students are scribbling notes, others zoning out. A few scrolls through their phones under the desks. No one says anything. But she wonders – are they feeling it too? That strange sense that they are part of a system that's already failed them before they have even started. Wondering how their future will unfold in a country already stretched so thin?

MR. KIM (CONT'D)
(sighs deeply, continuing)
"And then there's urbanization. In cities like Seoul, housing is cramped. The cost of living is high. People often find themselves living in spaces too small to raise children. Combine that with the cultural shift – where many people are choosing not to marry or have children whether for personal freedom, others for

MR. KIM (CONT'D)

"More and more people are choosing not to have children or delaying starting families. As a result, the birth rate has dropped below replacement levels, meaning that the birth rate is far below what is needed to sustain our aging population."

He clicks the remote, and a chart appears on the screen: a red line declining steadily, year after year.

MINA blinks at it. A red line going down. Like test scores. Like hope.

MR. KIM (CONT'D)
(pausing for effect, looking around the room)
"The reasons are complicated, but not unfamiliar to any of you. First, the cost of living – skyrocketing. Housing, education, healthcare, everything is getting more expensive. Many people, especially young people, are prioritizing career stability. They want to focus on personal goals. Having children is not only daunting, but also financially impossible."

MINA stares blankly at the chart, her mind spiraling. She is not thinking about babies. She is thinking about how her parents barely hide their disappointment when she comes home with less-than-perfect grades. About the nights she lies awake, wondering if there is space for dreams in a life that has already been mapped out for her. What's the point of all the hard work, the grades, the pressure to

MR. KIM

(clearing his throat, stepping forward)

"We are facing a demographic crisis here in South Korea. And it's not just us – many developed nations are dealing with similar challenges. But ours is particularly severe. It is what we call the low birth rate crisis."

MINA barely lifts her head. The term sounds familiar; she has heard it repeatedly on the news, seen it flash across her parents' TV during dinner. But hearing them in class feels different, heavier somehow.

The thought lingers as she steps onto the platform, already fading beneath the weight of another long day ahead.

[INT. CLASSROOM – DAY]

The classroom buzzes with low chatter and the scraping of chairs. MINA walks into the classroom, her steps slow and heavy, her gaze low. The soft murmur of conversations between classmates feels like a background noise, like the distant hum of a machine she no longer has the energy to tune into. She makes her way to the seat near the window and slumps into the chair, her body moving out of habit more than intention.

Outside, the pale morning sun filters through the smudged glass, casting long shadows across her open notebook. The pages are full of highlights and scribbles despite the day's beginning. The bell signaling the start of class rings. The chatter dies down. MINA tries to focus, but there's a dull fog clouding her thoughts.

MR. KIM, a middle-aged teacher, stands at the front of the room, placing a few printed graphs on the desk before addressing the class. His usual authoritative presence quiets the students, but his voice is unusually solemn. Today's topic, though, feels different – a heavy weight in the air.

hakwon, self-study, exams, sleep (if there is time). The idea of simply existing, moving through the city without obligation or a purpose, is almost unimaginable.

The doors slide open, and MINA takes a step toward the platform. Before she exists, she glances back at the old man.

MINA
(sincerely)
"Have a great day."

The old man chuckles again, slow and warm, raising a hand in a gentle wave.

OLD MAN
"You too, young lady. Study hard."

The subway doors close behind her, sealing her back into the world of deadlines and expectations. MINA catches his gaze from the window, his expression kind yet unreadable. She watches as the train pulls away, carrying him and dozens of others to unknown destinations.

For a brief moment, she wonders – will she ever reach a point in life where she can just wander? Will she ever have the freedom to just exist?

OLD MAN

"Try your best, young lady. Education is the key to your happiness."

MINA forces a polite smile, though the words settle uneasily in her chest. Education. Her entire life has revolved around it. But happiness? That part feels more elusive, like something constantly pushed just beyond her reach. Happiness feels less like a key and more like an endless staircase she is expected to climb. Still, she appreciates the sentiment.

MINA

"Thank you. I will... But, if you don't mind me asking, where are you going so early in the morning?"

The old man leans against the metal pole, his grip loose and relaxed.

OLD MAN

"No particular place. Every day, I just get up and ride the train. It's free for us old folks, you know."

(gesturing vaguely at the passing scenery outside the window)

"Sometimes I go to the park, sometimes I just wander around. No rush, no destination."

MINA blinks, processing his words as the train slows down to her stop. A life without a rigid schedule, without a dictated path, moving through the city just to pass time; that concept is entirely foreign to her. Every moment of her day is scheduled to the minute – school,

MINA

(quickly)

"Oh! I'm sorry."

The elderly man steadies himself, his lined face breaking into a warm, understanding smile.

OLD MAN

"It's okay, it happens."
(then, glancing at her uniform)
"Are you on your way to school?"

MINA

(nodding)

"Yes, sir."

The old man chuckles softly, a knowing look in his eyes.

MINA grips the overhead rail as the train jerks forward, her tired eyes scanning the car. People are immersed in their own routines: some watching dramas on their phones, others nodding along to K-pop songs or scrolling through morning news updates. Students like her are the exception; their gazes are fixed not on entertainment but on the glowing screens of their digital flashcards, textbooks, and hastily typed notes, mumbling formulas and vocabulary words under their breath. Their lips move in silent repetition, fighting off sleep in a desperate attempt to hold onto knowledge they will be tested on soon.

Across from her, an office worker sat across from her, staring blankly ahead, his tie slightly loosened as if he's already given up on the day before it's even begun. The contrast between the world of students and adults feels stark – students are still pushing, still grasping for a future they have been told to chase, while the office workers seem like they have already surrendered to the cycle.

Just then, an elderly man steps onto the train. MINA hesitates, glancing at the seat beside her. It would be polite to offer it to him, but she has two stops left. A brief debate flickers in her mind before she quietly stands, gripping the rail again.

As the train lurches forward, the old man stumbles slightly and bumps into her.

[INT. SUBWAY TRAIN – DAY]

MINA steps onto the subway platform, the cold morning air mixing with the metallic scent of rain and distant hum of traffic. As the train approaches, she adjusts her backpack, already feeling the weight of the day ahead. The doors slide open with a mechanical hiss, and she steps into the crowded train, immediately engulfed in the familiar chaos of the morning commute.

She notices the surge of passengers: office workers in stiff suits, students in neatly pressed uniforms, and, most curiously, an unusually large number of elderly passengers filling the seats. It is a pattern she has noticed on Line 2 before but never questioned. Where are they all heading so early?

Chapter 2 :
The Low Birth Rate Crisis and Its Impact

NARRATION

South Korea is experiencing a demographic crisis, with its birth rate plummeting to a record low of 0.72 children per woman in 2023 – the lowest in the world. This decline is driven by economic pressures, such as the high cost of living, job insecurity, and demanding work culture that leaves little room for family life. Traditional gender roles also place most childcare responsibilities on women, discouraging family growth. Meanwhile, shifting social attitudes have led younger generations prioritize careers and personal independence over marriage and parenthood.

The low birth rate and this demographic shift have significant consequences, including an aging population, labor shortages, economic stagnation, and growing burden on social welfare systems. National security is also at risk as fewer young generation means fewer military recruits. In response, the South Korean government has introduced measures like financial incentives for childbirth and expanded childcare support, but these have had little success in reversing the trend. Experts recommend broader reforms that must go beyond financial aid, advocating for structural changes in workplace culture, gender equality, and immigration policies to sustain the workforce. Without intervention, South Korea faces long-term demographic and economic challenges.

References

- Choi, J. (2017). The Effects of Academic Stress on Students' Physical Health in South Korea. Korean Journal of Education Studies, 12(3), 45-61.
- Kim, H., & Lee, S. (2018). Parental Expectations and Academic Pressure in South Korea: A Sociocultural Perspective. Journal of East Asian Studies, 25(2), 78-94.
- Kwon, Y. (2019). The College Scholastic Ability Test and Its Role in Korean Education. Education Policy Review, 34(1), 19-35.
- OECD. (2022). Youth Suicide Rates and Academic Stress in South Korea. OECD Education Indicators.
- Park, M., & Jang, S. (2021). Hagwons and the Shadow Education Industry in South Korea. Asian Education Review, 29(4), 112-129.
- Shin, D. (2020). Cramming vs. Creativity: The Dilemma of the Korean Education System. Comparative Education Journal, 16(2), 57-75.
- Korea Ministry of Statistics. (2022). Private Education Expenditure Trends. [Link to source or further details, if available].

✨ REFLECTION

If you scan the QR code after reading this chapter, you can record your thoughts and read what others have shared. Once you're connected, please click on the video labeled "CHAPTER 1."

1 Have you ever felt pressure to succeed in school or meet someone else's expectations?

2 How much of your daily schedule is shaped by external pressures versus your own interests/choices? How did it affect you emotionally or mentally?

3 How many hakwons (cram schools) did you attend while growing up? Where did you live at the time, and how old were you? Looking back, how did those experiences shape your relationship with education and your sense of self-worth?

NARRATION South Korea's pervasive hakwon culture has amplified the already rigorous academic demands on students, compelling them to strive for excellence in every subject to secure a brighter future in a competitive environment. Annually, families spend an estimated $20 billion USD on private education, intensifying economic disparities, as wealthier households gain access to superior resources for their children's education. Despite the mounting pressure on students and the financial strain on families, meaningful reform has been slow to materialize, hindered by entrenched cultural values, parental expectations, and the economic clout wielded by the hakwon industry. Government initiatives aimed at addressing these issues have faltered, as societal fears of academic failure and the deep-rooted emphasis on educational success perpetuate a cycle of stress and financial hardship.

An intriguing paradox exists in the increasing demand for private education amidst a declining population caused by South Korea's low birth rate. Despite fewer children being born, academic competition remains intensely fierce. Education holds immense value in South Korean society, and academic performance is seen as pivotal for securing opportunities, particularly through the high-stakes college entrance exam (Suneung). Parents often go to great lengths to invest in private tutoring and additional lessons to ensure their children gain an edge in this competitive arena. As birth rates continue to fall, the societal expectation placed on each child to excel academically grows, propelling families to spend even more on private education. Education is not just a pathway to personal success but also a crucial means of social mobility. For parents – especially those with fewer children – the substantial investment in private education is viewed as essential for maintaining or elevating their family's social standing.

MINA retreats to her room, shutting the door gently behind her. The muffled sounds of the house fade, leaving only silence. But it is not comforting. It is heavy. The test paper sits on her desk, its red marks glaring under the dim desk light. She knows she should review it, pinpoint her mistakes, and prepare for the next one. But she can't bring herself to pick it up.

Her eyes drift to the textbooks stacked beside her, to the worn practice exams, to the pages of notes filled with equations and underlined phrases. She has done everything right. And yet, she still doesn't feel like it's enough. The system demands perfection, but perfection feels unreachable. She exhales, pressing her fingers against her temples. They say the system is changing – mental health initiatives, restrictions on late-night cram school hours – but none of it matters. The pressure remains, an invisible force that dictates her every breath, every decision.

She closes her eyes for a moment, as if blocking out the world might make it disappear. But the weight of expectations is suffocating. Tomorrow will come, and with it, she'll have to wake up and do it all over again.

With a deep breath, she finally opens the test paper and begins to review. Because in this world, there is no choice but to keep going. The ink smudges slightly where her hand trembles.

[FADE OUT]

how much more I have left to give. But none of those words matter. Not here.

MINA
(quietly, detached)
"Yes, I'll try harder."

The words leave her lips, but they are hollow. She doesn't look up. Because what is the point? Trying harder won't change everything. It just means holding on to the pressure for a little longer, even when she isn't sure if she can.

[INT. MINA'S ROOM – NIGHT]

Silence.

MINA blinks, her chest heaving. The air is still. Her mother is no longer standing in front of her, no longer speaking. Instead, she is in the kitchen, quietly washing dishes, her posture tired but calm. MINA's throat tightens as she realizes – those last words, the shouting – it never happened. It was all in her head. She exhales shakily, her fingers gripping the edge of the dining table. The weight in her chest doesn't fade, but she forces herself to breathe. Even when no one is yelling, the pressure is deafening.

[INT. DINING ROOM – LATER]

Dinner is a quiet affair. MINA's father joins them, his presence a steady reminder of unspoken expectations. He doesn't ask about the exam immediately, waiting until halfway through the meal to say what MINA already knew was coming.

MINA'S DAD
(matter-of-factly)
"Your results will be out soon. You need to make sure you're improving. Every point counts."

The words settle heavily onto MINA's already slumped shoulders. She pushes her rice around with her chopsticks, her appetite gone. What else is there to say? I'm trying. I'm exhausted. I don't know

"I don't know. But I tried my best."

Her mother's gaze hardens ever so lightly. It's not an answer; it's an excuse. And MINA knows it.

MINA'S MOM

(sighing, crossing her arms)

"MINA, trying isn't enough. The CSAT is coming up. You know what's at stake. These next few months will decide your future. You must push yourself harder. I know you can do it."

MINA lowers her gaze. She knows. She always knows. Every student does. The mock exams aren't just practice, they determine how well she'll perform in the real thing. They dictate her college prospects, her future. One mistake, one rank drop, and everything changes. Her breathing quickens. Her vision blurs slightly. The walls of the room feel like they are closing in.

MINA (CONT'D)

"But do you have any idea how exhausting this is? To never feel like I am enough? To wake up every morning already behind, already falling? I study until my head feels like it is going to explode, and it is still not enough. It is never –"

MINA finally looks up, her eyes burning, searching her mother's face for something – understanding, reassurance, anything.

"How did it go? Did you do better this time?"

MINA doesn't immediately respond. A tight knot forms in her stomach. She had spent weeks preparing, sacrificing sleep, reviewing every mistake from past exams. Yet, when she sat in that cold exam hall, her hands trembled as she turned the pages, the pressure clouded her mind. A careless miscalculation in math, a reading comprehension passages she second-guessed – small mistakes that could cost her ranking.

She opens her mouth, but nothing comes out. Her heart pounds. What is the point in explaining the exhaustion? The constant juggling? The constant feeling of falling short? Her mother wouldn't understand. Nobody would.

MINA

(softly, barely above a whisper)

This intense academic environment has led to severe consequences. South Korea has one of the highest youth suicide rates among OECD countries, with academic stress being a major contributing factor. Anxiety, depression, and burnout are widespread, yet mental health issues remain heavily stigmatized, preventing many students from seeking proper help. The education system's emphasis on rote memorization over critical thinking further exacerbates the issue, reinforcing a "cramming culture" that prioritizes short-term test performance over meaningful, long-term learning.

[INT. MINA'S LIVING ROOM – EVENING]

MINA steps through the front door, releasing a deep, exhausted sigh as she drops her school bag to the floor with a thud. The weight of the mock exam still clings to her shoulders, the tension from hours of testing refuses to fade. She stands motionless for a moment, letting the silence of the house settle around her, but it offers no relief.

MINA's mother enters the hallway. Her mother's-tired face momentarily softens at the sight of MINA before the familiar look of expectation takes over. She doesn't ask about the exam – she doesn't need to. Instead, her eyes settle on the test paper peeking out from MINA's folder on the dining table.

MINA'S MOM

(glancing at the report card, sharp but calm)

Chapter 1 :
The Weight of Competition

NARRATION South Korea's education system is renowned for its rigor, high standards, and competitive nature. With a strong emphasis on academic excellence, students face pressure to excel from an early age. The structure of the system, combined with demanding schedules, parental expectations, and mental health concerns, creates a high-stakes reality for millions of students.

The South Korean education system follows a structured path: kindergarten (age 3–5), elementary school (grades 1–6), middle school (grades 7–9), and high school (grades 10–12). For many students, the ultimate goal is to excel in the College Scholastic Ability Test (CSAT), known as Suneung. This high-stakes exam, held once a year, determines university placements and, by extension, future career opportunities. The outcome of the CSAT is often viewed as a defining factor in a student's professional trajectory and social standing.

A typical school day begins early, often before 7:30 AM, and lasts until late afternoon. However, formal school hours are just a portion of the academic workload. After school, many students attend hakwons – private cram schools that provide additional instruction in subjects like math, English, and science. These supplementary classes often extend past 10 PM, with some students continuing their studies in cafés into the early hours of the morning. Homework, self-study, and practice exams consume the remaining hours, leaving little time for rest. Sleep deprivation becomes the norm, reinforcing the unspoken rule that academic success comes at the cost of personal time and well-being.

As financial instability and job insecurity mounted, the birth rate plummeted. Many young adults opted out of marriage and family life, burdened by the weight of their futures. In a desperate bid to secure a better future for their children, parents poured their life savings into education, often at the expense of their own well-being. Countless families fell into poverty, having sacrificed everything for the promise of a brighter tomorrow and the next generation. Meanwhile, an aging population once dedicated to the sacrifices that built the country now faces loneliness and economic hardship. They are forgotten by the very system they helped create. This unyielding cycle left both the young and the old ensnared in a system that demanded everything yet offered little fulfillment in return.

Amid this never-ending pursuit of success, deeper questions remain. What is the true purpose of life? Is it to chase achievements, to trade happiness for an uncertain future? For MINA, for JISOO, and for countless others, these thoughts linger quietly between the noise of daily life. They wait – not for the next exam, the next deadline, or the next responsibility, but for something deeper. For a reason to live.

— ✦ **REFLECTION**
If you scan the QR code after reading this chapter, you can record your thoughts and read what others have shared. Once you're connected, please click on the video labeled "PROLOGUE."

Have you ever felt like a single moment or decision could define your entire future? How did you cope with that pressure, and what would you tell your younger self now? How do you navigate moments when the pressure to succeed feels overwhelming?

have to do our best."

JISOO knows MINA isn't alone in this feeling – every student in South Korea is under the same crushing pressure. The weight of rankings, expectations, and dreams presses down on all of them. Even one mistake could mean the difference between their dream school and settling for something less.

MINA exhales precariously, staring at her notes one last time before finally nodding. The two sit in silence for a moment. MINA's sigh is deep and heavy, but she doesn't pull away from JISOO's touch. She knows that in just a few hours, she will be sitting in a silent hall, racing against time, her entire future seemingly resting on a few sheets of paper. The stress is unrelenting and the pressure unbearable. But for now, all they can do is breathe and keep going.

[FADE OUT]

NARRATION   The Cost of Progress

After the devastation of the Korean War, South Korea emerged from severe poverty and economic hardship into an era of rapid industrialization and technological advancement. What followed was a remarkable transformation, turning a country ravaged by poverty into a global economic powerhouse. Yet, this success has come at a cost. The continuous pursuit of academic and professional excellence created an environment of immense pressure, particularly on the younger generation, who found themselves trapped in an unforgiving cycle of study and work.

brutal truth: MINA's grade, sitting in 9th place among the entire senior class, leaves no room for mistake. Although this might be a position that other students are striving for, MINA can't shake the feeling that she has eight more students to surpass. Even worse, all her remaining classmates feel like a shadow haunting her for that 9th spot.

JISOO

(trying to lighten the mood)

"Hey... it's okay. This is just a mock exam, right? It's practice. You always get through these. Look, just seeing your name on that ranking board – just making it into the top ten – means you are doing great. That is more than enough.

(chuckles)

Think about it. The grades are all relative, right?"

JISOO moves closer and gently places a hand on MINA's shoulder. A small gesture, but one filled with understanding. MINA finally looks up.

JISOO (CONT'D)

(with a reassuring smile)

"Trust me, you are already doing amazing. Don't let that ranking board get to you. You have come so far, and no matter what number you see, you are still going to crush it. I know it's tough. But no matter what happens today, it doesn't define everything. We just before the mock exam."

MINA doesn't respond right away. Her eyes remain glued to the latest CSAT Mock Exam by KICE, her grip tightening around her pen. Her lips move slightly as she whispers formulas under her breath, repeating them like a mantra. The words are barely audible, threaded with frustration and doubt.

MINA

(murmuring, voice faltering)

"I've gone over these mistakes so many times... but what if I still mess up? Even one point can change everything..."

Her voice breaks slightly. The weight in her tone lingers in the tense silence of the classroom. She shifts uncomfortably; her shoulders hunched under pressure. Her gaze moves toward the hallway, where the latest test rankings are posted. The top ten names, printed in bold letters, stare back at her like a constant judgement. Everyone will see. Everyone will know exactly where she stands.

MINA

"If my rank drops, even by one, everyone will see it on the board. My name...just slipping down for everyone to judge. If I mess this up, I will have to change my whole college application strategy."

She swallows hard. The thought of walking past that list, of hearing the murmurs, the silent comparisons – it gnaws at her. And this is the

[INT. CLASSROOM – DAY]

The room is filled with textbooks, worn mock exams, and highlighters strewn across the desks. The clock ticks with unnerving clarity, each second stretching the silence. A faint murmur of students outside seeps through the windows, but inside, the air is thick with tension.

JISOO stands by the window, glancing at her watch before turning to MINA, who sits rigidly at her desk, surrounded by stacks of notes and test papers. Her fingers tap anxiously against the wooden surface.

JISOO

(cheerfully, but with an undertone of urgency)
"MINA let's go! We have a few minutes to go over key questions

repeat the cycle the next morning. The expectations placed upon her are immense – she must excel academically, outperform her peers, and secure admission to one of Korea's prestigious universities. Each day is a race. Every hour is a measure of how close she is to perfection.

But MINA no longer knows what she is running toward. The cycle of academic competition has consumed her for so long that she can no longer remember a time when it didn't define her. Every day feels like swimming upstream, only to realize she's getting nowhere. The weight of her schoolwork, her parents' soaring expectations, and the pressure to succeed feel like an invisible force pressing down on her chest. Every student around her feverishly scribbles notes, preparing for the upcoming KICE (Korea Institute for Curriculum and Evaluation) mock exam, but MINA can't focus. The words on the page shift and distort, their meaning slipping away behind a wall of exhaustion and frustration. The mock exams and the constant evaluations – it's all too much.

As the bell rings, signaling the end of class, MINA remains rooted in her seat. Her classmates shuffle out, eager to squeeze in a few more minutes of review before the next lesson begins. But MINA doesn't move. It is not that she is deep in thought; it is that she no longer knows where to go. Exhaustion has worn her down to the point where she feels as though there's no escape.

MINA, a 17-year-old senior, sits at her desk in a classroom filled with others just like her, overwhelmed by the same pressures but struggling in their own ways to cope. The walls are lined with motivational posters and banners promising success, but to MINA, they feel like cruel reminders of a race she can't seem to finish. Her eyes drift blankly over her textbook. The equations and formulas blur into meaningless shapes, her mind lost in an endless wave of doubt.

MINA's life is a meticulously orchestrated routine. Wake up at dawn, attend school, then rush to Hakwon (after-school cram schools) for additional lessons in math, science, English, and coding. Her day typically ends around 10 PM with a late dinner, followed by hours of homework before she collapses into a restless sleep, only to

Prologue : The Crisis of Youth in Korea

NARRATION A Nation in Motion

It's 6 AM in Seoul, and the city is already alive, thrumming with energy. Commuters flood the streets, their faces set with quiet determination as they dive into their daily routines. Office workers tighten their ties, students clutch heavy backpacks, and delivery trucks squeeze through the gridlock of honking cars. Buses groan under the weight of exhausted passengers, while subways screech into stations, swallowing and spitting out waves of people in perfect rhythm.

This is Korea's "hurry, hurry (빨리 빨리)" culture – the driving force that transformed a war-torn nation into an economic powerhouse in just a few decades. Speed is everything. Efficiency is survival. This mindset has fueled Korea's rise to global prominence, pushing industries to innovate and citizens to strive for excellence. But this obsession with urgency has left behind a daunting, often unseen reality. The pressure to excel, to keep up, to never fall behind, weighs heaviest on those expected to carry the future: the youth.

The world sees Korea as a dazzling force, a leader in technology, fashion, and K-pop. Yet behind the polished image, beyond the glamour of idols and luxury brands, lies a different truth. One where young people are crushed under the weight of expectations, academic pressure, and an uncertain future. In a society that never stops moving, they are expected to run, to compete, to succeed – no matter the cost.

asked, "What will you be?" before they had the chance to simply be. For the dreamers, the wanderers, the quiet rebels who have questioned the path set before them. For those striving for excellence while wrestling with doubt. For those lost in the pursuit of success, for those still searching for belonging.

May these pages remind you that your worth is not defined by titles, achievements, or the approval of others. You are more than comparisons, more than numbers on a page. Your dreams matter. Your joy matters. You matter.

Even in your hardest moments, joy will find its way back to you. Every challenge holds the seed of growth, and your determination will carry you through. And one day, you will look back and see that every tear, ever misstep, every moment of resistance was the making of you.

May you have the courage to follow your own path, to embrace your own story, and to know, without question, that you are enough – exactly as you are. The future is unwritten, and the pen is in your hands.

This book is dedicated to those who have carried the heavy weight of expectation – and are now learning to set it down. To the brave souls who are daring to redefine purpose, to choose differently, and to build a life that is entirely, unapologetically, their own.

success from the very first moment of life.

And once that child grows and begins to speak, another question awaits – this time from their mother:
   "What do you want to be when you grow up?"
A question rooted in love but often laced with quiet urgency, as if the answer might offer comfort or certainty.

But did every doctor choose the stethoscope?
Did every lawyer really grasp the gavel?
Can you picture a world where only doctors and lawyers exist?

From the earliest moments, many Koreans grow up with identities shaped by inherited expectations. Our studies, our careers, even the pace at which we move through life can feel predetermined. Choices are made before we understand their weight.

Yet you are the star of your own universe, the protagonist in the story still unfolding. There will be moments of sorrow, days heavy with struggle, and times clouded by uncertainty. Some pages may feel too heavy to turn, and some seasons will test your strength to its core. But no matter how overwhelming the path may appear at times, never forget – this story is yours. And in every chapter, you hold the pen.

This book is for the ones who grew up with futures placed before them, before they even knew who they were. For those who were

| Dedication |

In Korea, as in many cultures, tradition begins shaping a child's path long before their first words. Even before birth, hopes are whispered into the world – grandparents praying in churches or temples often wishing for a grandson. And once the child arrives, their journey begins with Doljabi (돌잡이): a cherished first birthday ritual meant to predict their destiny before they can even speak their own name.

Symbolic items are laid out on a table during this ritual, each representing a future imagined for babies: a stethoscope for a doctor, a gavel for a judge, money for a prosperous life, and books for a path of wisdom. These days, new symbols join the tradition – a computer mouse, a microphone, or a camera – echoing the world's rapid change and the endless possibilities ahead. As societal values evolve over time, the items considered appropriate for a child to select during the doljabi ritual also shift accordingly. In earlier periods when infant mortality rates were high, objects symbolizing longevity such as thread or rice were commonly chosen. In contrast, contemporary selections tend to focus on items representing intelligence such as writing instruments or a stethoscope and symbols of wealth such as money and rice. Meanwhile, items once associated with long life are now often regarded as either self-evident or burdened with negative connotations, leading to their marginalization or complete removal from the doljabi set. In this way a child's future becomes shaped by adult conceptions of

| Introduction |

This book is a collaboration of the personal visions of Christopher HK Lee, a second-generation Korean American film director, and Minah Son, a South Korean-born film student based in New York. Together, they explore themes of identity, culture, and personal growth through a blend of factual insight and fictionalized narratives, examining the evolving landscape of Korea and the challenges faced by its youth and aging population.

Each chapter integrates relevant subject matter into dramatized cinematic narrative, using fictional characters to bring complex social issues to life. Informative, insightful dialogue speaks as effectively to the reader as a motion picture does to filmgoers, while narrative interludes provide context and deeper understanding of the topic discussed.

Join Christopher and Minah as they trace the struggles and triumphs of both younger and older generations in pursuit of purpose – not just in South Korea but around the world. May these pages encourage you to rediscover meaning, joy, and a sense of connection in your own journey.

At the end of each chapter, take a moment to pause and reflect. Scan the QR code to share your thoughts and connect with other readers. Your voice matters – and you never know how your story might inspire someone else.

| Table of Contents |

Introduction _ 006

Dedication _ 007

Prologue : The Crisis of Youth in Korea _ 010

Chapter 1 : The Weight of Competition _ 018

Chapter 2 : The Low Birth Rate Crisis and Its Impact _ 027

Chapter 3 : The Dark Reality of Teen Suicide _ 055

Chapter 4 : Redefining the "Forgotten Generation" _ 088

Chapter 5 : The Role of Society and Community _ 107

Chapter 6 : Building Hope in a World of Uncertainty _ 125

Chapter 7 : Our Reason to Live _ 144

Check List : Finding Reasons to Live _ 158

Epilogue : Christopher HK Lee _ 164

　　　　　　 Minah Son _ 170

"The purpose of life is to live it,
to taste experience to the utmost,
to reach out eagerly and without fear for newer
and richer experience."

– Eleanor Roosevelt

내가 살아야 하는 '**진짜**' 이유: 희망과 회복의 이야기
CHRISTOPHER HK LEE AND MINAH SON

From Dialogue to Novel to Film, Shaped Together with Readers

A 'True' Reason to Live

| A Story of Hope and Recovery |

맑은샘

A True Reason to Live:
A Story of Hope and Recovery

By Christopher HK Lee and Minah Son